Dipl. Sommelier Isa Schwanzer-Svec

# Top-Winzer kochen

## Die besten Rezepte, Geschichten und Tipps rund um den Wein

KRENN

# INHALTSVERZEICHNIS

# DER FISCH MUSS SCHWIMMEN

*Die Verbindung von Wein und Essen gehört zur hohen Kunst des Genießens.*

Guter Wein macht ein feines Gericht erst richtig spannend. Andererseits entfaltet der Wein in der Abstimmung mit dem dazu passenden Essen erst so richtig die ganze Vielfalt seiner Ausdrucksmöglichkeiten. Früher sagte man: „Der Fisch muss schwimmen!", und erhob das Glas auf beide Welten.

In der „Revue du Vin de France" gab es vor Jahren eine Serie, in der ein ganzes Team angeführt vom legendären Starkoch Alain Senderens (Lucas Carton/Paris) in jeder Ausgabe zu einem bestimmten Gericht nach Traumkombinationen mit spezifischen Weinen suchte. Jedes Mal wurden mehrere Weine empfohlen, einer jedoch passte immer am besten. Die Kommentare der Experten ergingen sich dann in Worten wie „Extase" oder „Nirwana". Meine eigene Vorliebe für ideale Wein-Speisen-Kombinationen kann ich in der ÖWM gelegentlich ausleben. Wir haben bis jetzt die Themen „Wein & Spargel" und „Asiaküche & Wein" akribisch ausgetestet und dazu eigene Broschüren vorgelegt (erhältlich bei der ÖWM). Weitere Themen werden folgen.

Besonders interessant ist es, einmal zu sehen, was unsere Winzerinnen und Winzer gerne kochen und mit welchen Gerichten sie ihre Weine am liebsten genießen. Denn bei allen scheinbar „objektiven" Erkenntnissen über den Zusammenklang von Weinen und Speisen ist ja immer der persönliche Geschmack, aber auch die regionale Tradition mindestens genauso wichtig. Wir beschäftigen uns in der ÖWM daher einerseits mit unserem eigenen kulinarischen Erbe, andererseits aber auch mit dem außergewöhnlichen Talent der österreichischen Weine im Zusammenspiel mit anderen Küchen.

***„Austrian wine makes food shine!", sagen die Sommeliers in New York. Es gibt kaum ein besseres Exportargument.***

Die Idee des vorliegenden Buches ist aber noch aus einem anderen Grund absolut zeitgemäß. Wir erleben nämlich derzeit hautnah einen richtiggehenden Paradigmenwechsel im Umgang mit Wein. Immer mehr Menschen lernen Wein zu genießen, immer weniger Leute trinken Wein in großen Mengen unbewusst. Die Weinkultur in unserem Land macht weiter große Fortschritte. Das ist wichtig für die Zukunft des kostbaren Kulturguts Wein in einer Zeit, in der prohibitive und genussfeindliche Tendenzen unübersehbar sind.

*Mag. Willi Klinger*

*Geschäftsführer der Österreichischen Weinmarketing GmbH*

# WAS SIE ALLES IMMER SCHON ÜBER WEIN & SPEISEN WISSEN WOLLTEN

## KULINARISCHE TIPPS FÜR WEINGENIESSER

Es ist so ähnlich wie mit der Henne und dem Ei: Wer war vorher da? Und soll der Wein zum Essen passen, oder kocht man das Menü rund um den Wein?

Es ist eine der lustvollsten Streitfragen, die Köche und Feinschmecker, Winzer und Kellermeister in lebhafte kulinarische Diskussionen verwickelt.

### *Welcher Wein zu welchem Essen?*

Die wichtigste Regel lautet – es gibt keine allgemein gültige Regel. Die unendliche Vielfalt der Weine, der Speisen und nicht zuletzt der Menschen, die Wein und Speisen genießen, lässt sich nicht auf starre Regeln reduzieren.

Es liegt an uns, immer neue Variationen, Entwicklungen und Kompositionen aus Küche und Keller zu entdecken.

Seit Jahrhunderten gelten ein gutes Menü und gepflegte edle Weine als klassisches Rezept für Harmonie und gute Laune. Zu einem guten Essen wird gerne eine gute Flasche Wein getrunken – manchmal auch mehr. Und egal ob in der großen Runde oder zu zweit bei Kerzenschein – ein Gläschen Wein passt immer!

Wenn ein Wein mit einem Gericht harmoniert, dann ist dies ein richtiger Glücksmoment, ein kulinarischer Hochgenuss.

Liebe geht bekanntlich durch den Magen – damit das auch so bleibt, und das mit Sorgfalt geplante Menü nicht durch die falsche Weinauswahl zum kulinarischen Desaster wird, müssen nur einige wenige Regeln berücksichtigt werden – dann kann nichts danebengehen.

### *Wein & Speisen: Was passt zusammen?*

Essen und Wein gewinnen durch ihre gelungene Partnerschaft, wobei beide Partner jeweils neue und zuweilen auch unerwartete Geschmacksnuancen offenbaren können.

So ist die Kombination von Speisen und Wein immer dann ideal, wenn beide Elemente ihren Beitrag zur kulinarischen Verbindung leisten, ohne dass einer den anderen überdeckt.

Die Regel „Weißwein zu weißem Fleisch und Fisch, Rotwein zu dunklem Fleisch und Wild,“ stammt sozusagen aus der „Steinzeit“ der Verkostung, als wir noch nicht so viel Erfahrung mit dem Riechen und dem Schmecken hatten und unseren Augen mehr vertrauten als unserem Gaumen. So war die Regel des Farbenspiels geboren.

Doch nichts hält sich länger, als seit Generationen überlieferte Vorurteile. Dabei ist es längst Zeit für neue Erfahrungen, Ideen und Variationen bei der Kombination von Wein und Speisen.

### *Entscheidend für die Wahl des Weines ist nicht die Art des Fleisches, sondern seine Zubereitung und die dazu gereichten Saucen.*

So sollte der Wein den Geschmack der Speise unterstreichen, aber nicht überdecken. Dies lässt sich dann erreichen, wenn sich Wein und Speise besonders ähnlich sind. Ähnlich in Geschmack und Bukett.

Je stärker die Zutaten, die Gewürze und die Zubereitung der Speisen mit den Geschmacksnoten der begleitenden Weine übereinstimmen, desto besser.

## *Der intensivste Geschmack entscheidet*

Der Wein sollte nach Möglichkeit auf den Teil der Speise abgestimmt sein, der beim Essen geschmacklich im Vordergrund steht. Da beispielsweise die Sauce in vielen Fällen geschmacksdominant ist, ist auch der Wein auf die Sauce und nicht etwa nur auf das Fleisch abzustimmen.

So kann ein fruchtiger Rotwein also durchaus zu gebratenem Fleisch mit molliger Sauce, aber auch zu Fisch oder Huhn, auf der Holzkohle gegrillt oder knusprig gebraten, passen. Und ein kräftiger Weißwein wird vielleicht der ideale Speisenbegleiter zu Gebackenem sein, passt aber genauso gut auch zu einem würzigen Steak. Ein Steak, ein Braten mit kräftiger Sauce oder auch Schmor- und Ragoutgerichte vertragen sich gut mit gerbstoffbetonten Rotweinen. Und zu Speisen, die leicht fruchtig und bitter sind, passen hervorragend Roséweine.

Wenn die Charaktere des Weines und des Gerichtes harmonieren, können sich die Aromen optimal entfalten und einander ergänzen.

### *Daher gilt: ein harmonisches Duett*

- Der gewählte Wein soll die Aromen des Essens zur Geltung bringen und unterstützen.
- Wichtig ist, dass sich Wein und Speise ergänzen und nicht gegenseitig Konkurrenz machen.
- Meist sind nämlich Soßen und Beilagen wesentlich intensiver im Geschmack als das Fleisch selbst.
- Der Wein ist deshalb auf das geschmacks-intensivste Produkt auf dem Teller abzustimmen, meistens die Soße, manchmal auch die Beilage.

## *Einige Grundregeln*

Trotzdem kann/sollte man sich bei der Weinauswahl an gewisse Grund-Prinzipien halten:

| | |
|---|---|
| Alkohol: | Alkohol verstärkt den Eindruck der Süße der Speisen und die Wirkung von Gewürzen. |
| Fett: | Fetthaltige Speisen sind bekömmlicher mit Weinen, die reich an Säure, Gerbstoff und Alkohol sind. |
| Salz: | Salz erhöht die Wahrnehmung der Aromastoffe in Wein und Speisen. In geringerem Anteil kann es die Süße verfeinern. |
| Süße: | Süße erhöht die Wahrnehmung der Aromastoffe im Wein und wirkt harmonisierend auf den Geschmack. |
| Säure: | Die Säure von Essig/Zitrone/Tomaten überdeckt die fein ausgewogene Säure in den meisten Weinen. Vorsicht daher bei Salaten und Vorspeisen, damit sich die Säure des Essigs nicht mit der Säure des Weines schlägt, eher zu süßeren Weinen greifen. |
| Tannine: | verstärken Bitterstoffe in den Speisen, harmonieren sehr gut mit Röst- und Brataromen |

# WACHAU
## Weltkulturerbe des Weins

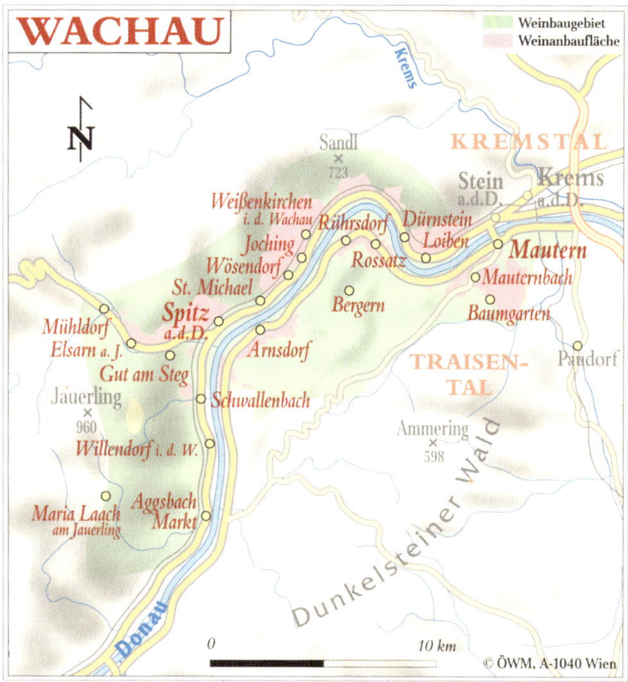


### *Steile Terrassen, edle Rebsorten, monumentale Weine*

Weltkulturerbe und Wohlfühllandschaft – das ist die Wachau, das enge Donautal zwischen Melk und Krems. Auf 1.400 Hektar, teils auf steilen Terrassen, stehen hauptsächlich Grüner Veltliner und Riesling. Die Weinkategorien Steinfeder, Federspiel und Smaragd stehen für die Naturbelassenheit der hiesigen Weine.

Der erste Hinweis auf Weinbau in der Wachau stammt aus der römischen Zeit, vom Hl. Severin (gestorben 482), der sich in Favianis, dem heutigen Mautern, „ad vineas", in die Weinberge, zurückgezogen hat.

Tatsächlich waren es die Römer, die in der Wachau wie auch anderswo in Österreich den Grundstein für kultivierten Weinbau gelegt hatten.

Die Entstehungsgeschichte eines der faszinierendsten Weinbaugebiete Österreichs ist spannend. In der Nacheiszeit setzten sich im Windschatten der Berge Staubböden ab, daraus wurden einerseits die heutigen Lössböden, andererseits die steil abfallenden Hänge aus Gföhler Gneis. Auch die Donau trug ihren Teil bei, indem sie Sand, Schotter und Schwemmlösse in den ebenen Rieden ablagerte. Diese geologischen Geländeverhältnisse in Verbindung mit den von den Menschen als „Landschaftspflegern" geschaffenen Terrassen zur Bewirtschaftung der besten Steillagen zeichnen das markante Bild der Wachauer Weinlandschaft.

### *Steinmauern schützen die Terrassen vor dem Abrutschen.*

Außerdem wirken sie als zusätzliche Wärmespeicher. Als die Steinmauern vor Jahrhunderten angelegt wurden, gab es noch keinen Mörtel. Sie bestehen bis heute aus sorgsam aufeinander gelegten Steinen und verleihen der Landschaft einen besonderen Akzent.

Spannungsreich ist auch das Klima, denn hier treffen zwei starke Einflüsse aufeinander – nicht frontal, sondern eng verzahnt: das westlich-atlantische und das östlich-pannonische Klima. Je nach Hanglage, Exposition, Geländeformation sowie durch wärmespeichernde Mauern und Felsen werden Kleinstklimazonen wirksam. Die heißen, trockenen Sommer und die strengen Winter werden durch die große Wasserfläche der Donau ausgeglichen. Die kühlen Fallwinde aus dem nördlichen Waldviertel sorgen speziell in den Monaten vor der Ernte für große Schwankungen zwischen Tag- und Nachttemperatur. Vom kühleren Spitzer Graben bis zum wärmeren Loibenberg entsteht in diesem Zusammenspiel die vielschichtige Aromatik der Trauben. Diese wird in den Weinen als kühle Frucht mit teilweise exotischen Anklängen spürbar: von der schlanken Steinfeder über das elegante Federspiel bis zum noblen Smaragd.

*Und nochmals spannend wird es, im historischen Ambiente der Weinorte auf die Suche nach weinkulinarischen Adressen zu gehen.*

Topwinzer und Spitzengastronomen sind in der Wachau geradezu auf Schritt und Tritt zu finden, von Spitz über Weißenkirchen und Joching bis Dürnstein und Loiben. Wobei der eine oder andere Seitensprung ans rechte Donauufer zu empfehlen ist. Neben dem Herrscherpaar Riesling und Veltliner – gerühmt für ihr außergewöhnliches Alterungspotenzial – garantieren auch Neuburger, Muskateller oder Sauvignon Blanc exzellente Geschmackserlebnisse.

# WACHAU

# SIGHARDT DONABAUM

## DER ZAUBERER VOM ZORNBERG

*Das Weingut thront hoch oben am Zornberg im idyllischen Spitz an der Donau, und der Winzer Sighardt Donabaum wirkt ein wenig wie ein Kuenringer Ritter in seiner Burg.*

Wahrscheinlich ist er sogar einer, denn der Hof wurde erstmalig im 12. Jahrhundert urkundlich erwähnt und ist seit 1833 im Besitz der Familie Donabaum. Das alte Haussiegel stammt sogar aus dem Jahre 1683. Die Donabäume in der Wachau gehen vermutlich alle zurück auf den Urvater Hans-Georg, einen umtriebigen Mann, der vor 270 Jahren lebte und 17 Kinder in die Welt gesetzt hatte.

Der alte Gutshof von Sighardt liegt am Zornberg, abgeleitet von Zauchenberg – da hier einmal die Ritter von Zaucha ihren Sitz hatten, einem der ältesten Ortsteile von Spitz in der Wachau.

Die Weingärten, großteils steile Wachauer Bergterrassen aus verwitterten Urgesteinsböden, befinden sich in den besten Lagen, die Weingartenarbeit ist nur in Handarbeit zu bewältigen, kein Wunder, bei einer Hangneigung von bis zu 45 Grad. Aber anpacken hat Sighardt ja früh gelernt.

*Als Ältester von 9 Kindern, davon 8 Buben, hat er „schon aus Selbsterhaltungstrieb“ bei der Mutter in die Kochtöpfe geschaut und von ihr das Kochen gelernt.*

Er kocht sehr gerne. „Kochen ist wie Weinmachen“, sagt er, „wenn man das Fingerspitzengefühl hat, kann man herrliche Weine und tolle Speisen zaubern.“ Dass seine Weine höchsten Trinkgenuss verheißen, das beweisen die vielen internationalen Prämierungen. Die Freunde nennen ihn deshalb auch „den Zauberer vom Zornberg“.

Der gelernte Förster zaubert seine eigene Wildschweinsalami, räuchert selbst den Hirsch-Rohschinken und der Hausschinken von der eigenen Mangaliza-Schweinezucht lässt Freunde und Gäste in Scharen auf den Zornberg pilgern. Sein bester Freund aus der Försterschule ist Franz von Hohenberg, ein Urenkel von Erzherzog Franz-Ferdinand, der in der Obersteiermark lebt und dort seine eigene Jagd hat.

*Einmal im Jahr, im November, pilgert Sighardt dann in die schöne Steiermark, bringt dem Erzherzog-Enkel einige Kisten seiner preisgekrönten Rieslinge und Grünen Veltliner und kehrt im Gegenzug dazu mit einem prächtigen Hirsch aus der fürstlichen Jagd in die Wachau zurück.*

Dann gibt es besagten Hirsch-Schinken, aber auch andere Köstlichkeiten, wie etwa das berühmte Hirschrückensteak.

Wie schon zu Großvaters Zeiten üblich, hat Sighardt auch heute noch Gemüsebeete in den Steinterrassen, den Kürbis für die herrliche Kürbiscremesuppe, den zieht er selbst zwischen den Rebzeilen.

Und weil zu gutem Essen auch ein gutes Stamperl Schnaps gehört, brennt Sighardt Donabaum auch seine eigenen Treberbrände aus Zweigelt, Muskateller, Traminer und Riesling. Auch der selbst gebrannte Marillenbrand darf in der Wachau natürlich nicht fehlen.

*Er ist ein Virtuose, fast schon ein Künstler, aber das liegt ja in der Familie.*

Großvater Anton Donabaum war Heimatdichter und Musiker und hat das allseits bekannte Werk „Spitz, die Perle der Wachau“ komponiert und getextet. Aber der Apfel fällt bekanntlich nicht weit vom Stamm, und so ist Sighardt heute ein kulinarischer Künstler.

„Durch die Leidenschaft lebt der Mensch, durch die Vernunft existiert er bloß.“

## WEINGUT SIGHARDT DONABAUM

Weingut Zornberg 4
3620 Spitz
Tel. +43 (0)2713 2287
E-Mail: sighardt@donabaum.com
www.donabaum.com

## ZWEIGELT RESERVE GRANIT 2004

13,5% Vol. Alc., trocken

Waldbeeren, nussig, offen, einladende Frucht und Würze, fest gebaut, burgundische Akzente, feiner Schmelz, verspielt, einladender Trinkfluss, lang, viel Frucht, sehr charmant.

# HIRSCHRÜCKEN-STEAKS

**Für 4 Personen:**

*4 Hirschrückensteaks à 180 g*

*Rosmarin, frisch oder getrocknet*

*Pfefferkörner*

*Lorbeerblätter*

*1 Karotte*

*4 EL Öl*

*Salz, Pfeffer*

*125 ml Sauerrahm*

*etwas Schlagobers*

*etwas Rotwein*

**Gewürzbirnen:**

*4 reife Birnen*

*250 ml Rotwein*

*125 ml Essig*

*1 Stk. Ingwer, ca. 1 cm*

*Zimt, Nelken, Ingwer*

*Schale von 1/2 Zitrone*

*etwas Zucker*

*1.* Die Hirschsteaks mit Rosmarinnadeln, geschrotetem Pfeffer, Lorbeerblättern und Karottenstückchen bestreuen, mit Öl und einem Schuss Rotwein übergießen und kalt stellen. Über Nacht marinieren lassen.

*2.* 1 Stunde vor dem Braten aus dem Kühlschrank nehmen. In einer Pfanne Öl erhitzen und die Steaks auf beiden Seiten 1 Minute anbraten. 3 bis 4 Minuten weiterbraten und mit Salz und Pfeffer würzen. Aus der Pfanne nehmen und warm stellen. Den Bratensaft mit Rotwein ablöschen, Sauerrahm und etwas Schlagobers zugeben, aufkochen lassen und abschmecken.

*3.* Für die Gewürzbirnen die Früchte schälen. Rotwein, Essig, Zimt, geriebene Zitronenschale, Nelken, Ingwer und Zucker vermischen und aufkochen. Die Birnen kurz darin dünsten, im Sud erkalten lassen und zu den Hirschsteaks servieren.

### *TIPP:*

Als Beilagen passen Erdäpfelkroketten und gedünstete Kohlsprossen.

# HANS ALTMANN
## DER DIE ANDEREN GLÜCKLICH MACHEN WILL

Eingebettet in die romantische Kulisse der Wachau, umgeben von Weinbergen und Marillenbäumen, mit wunderbarem Blick auf die Donau, ein Postkartenidyll zwischen Marille und Mariandl – und mitten drinnen das Weingut und Restaurant Jamek, ein Paradies für Feinschmecker.

### *Eine Geschichte wie aus einem Heimatfilm*

Bereits im Jahre 1912 erwarben die Großeltern Jamek das Hotel Wachau in Joching, welches sich bald bei den Wiener „Sommerfrischlern" großer Beliebtheit erfreute. Der kleine Weingarten im „Stein am Rain" lieferte erste süffige Kostproben. Den Krieg übersteht das Wachauer Juwel halbwegs unbeschadet, und in den 50er Jahren übernehmen der legendäre Josef Jamek und seine Frau das Restaurant. Die Wachau-Straße und auch die Straße ins Kamptal werden neu gebaut und damit begann ein ungeheurer Aufschwung. Die Filmbosse am Rosenhügel in Wien entdecken plötzlich die Wachau und mit Filmen wie „Mariandl", „Hofrat Geiger" oder „Wachauer Vierlinge" beginnt in den späten 50er Jahren die Ära der Heimatfilme – die Wachau wird eine Kulisse aus Edelkitsch und süßer Romantik.

*Als Filmkulisse dieser bis heute unvergessenen Klassiker, viele wurden im Haus der Familie Jamek gedreht, avancierte der Gasthof bald zum Wallfahrtsort für Wachauliebhaber. Edeltraud Jameks köstlich einfache, regionale Küche wurde bald berühmt.*

Aber nicht nur die legendär gute Küche, die Hechtnockerln, Topfenhaluschka oder der Grammelschmarren, sondern auch bald die Weine von Josef Jamek machten das Haus zum Treffpunkt für Reich und Schön.

Josef, der Doyen der Wachauer Weinszene, der 1959 mit dem Ankauf der Ried Klaus den großen Schritt zum späteren, schon legendären Erfolg setzte und bereits 1960 trockene Lagenweine ausgebaut hat, entwickelte auch gemeinsam mit seinem Freund Claus Riedel ein eigenes Glas für die herrlichen Rieslinge von der Ried Klaus. Und so wurden schon in den 60er Jahren Jamek-Weine in der Gaststätte aus Riedel Gläsern serviert.

*Viel hat sich zum Glück nicht geändert. Das Einfache, die Stub'n-Atmosphäre war und ist das Besondere an diesem gastlichen Haus.*

Seit 1996 haben Jutta, die Tochter und ihr Mann Hans Altmann Weingut und Gasthof übernommen. Jutta, die unbestrittene Herrin über das Restaurant und seine Küche, Hans Altmann, der Meister der Weingärten. Es ist noch immer ein gastliches Haus, gerne kommen die Freunde, dann wird gegrillt, denn Grillen hat etwas Kommunikatives, „man erobert sich das Essen gemeinsam", sagt Hans Altmann. Und wenn es brutzelt und duftet, dann freut er sich, dass alle glücklich sind.

Manchmal kocht Hans auch sein Lieblingsgericht, ein „Blitzgericht", das er von Jutta gelernt hat. „Sie hat die Gabe aus nichts ein herrliches Menü zu zaubern", schwärmt er von seiner Frau. Juttas Zauberpasta: Nudeln mit Traubentomaten, Pilzen und Parmesan. Und wenn die Gäste länger bleiben, dann gibt's die deftige Eierspeis zum Frühstück mit einem guten Glas Riesling oder Grüner Veltliner. Den Wein zu den Speisen wählt der Hausherr mit Bedacht.

## „Mit nichts Freude bereiten!“

*„Der Grüne Veltliner ist wie der ideale Ehemann, der passt sich an, und der Riesling ist die ideale Ehefrau - der dominiert das Essen“, schmunzelt er.*

Bei seinem Lieblingsgericht, dem Huchenfilet mit den Wachauer Marillen, lässt er dem Gast die Wahl. Doch ob dominant oder begleitend, die Jamek-Weine sind in jedem Fall ein legendärer Genuss …

WEINGUT UND RESTAURANT JAMEK

Joching 45
A-3610 Weißenkirchen
Tel. +43 (0)2715 2235
E-Mail: info@weingut-jamek.at
www.weingut-jamek.at

## RIESLING RIED KLAUS 2007

12,5 % Vol. Alc., trocken
DIE Urgesteinsterrassenlage, zart duftig, fruchtiges Säurespiel, im Duft mineralisch, reife Steinobst und Kiwi-Aromen, etwas Honig und mineralische Noten, Eleganz und Duftigkeit.

# GEBRATENES HUCHENFILET MIT MARILLEN-ZARTWEIZEN-RISOTTO

**Für 4 Personen:**

*4 Stk. Huchenfilet à 160 g*
*etwas Zitronensaft*
*200 g Zartweizen*
*1 Schalotte*
*70 g Butter*
*125 ml Weißwein*
*ca. 500 ml Gemüsefond*
*2 Lorbeerblätter*
*6-8 Marillen*
*125 ml Sauerrahm*
*50 g Parmesan*
*etwas Butter zum Verfeinern*
*Salz (Fleur de Sel)*
*Pfeffer aus der Mühle*
*evtl. Marillenbrand*

1. Das Huchenfilet salzen, pfeffern, mit Zitronensaft beträufeln und auf der Hautseite anbraten.
2. Die Schalotte fein würfeln und in Butter glasig anschwitzen. Den Zartweizen zugeben und kurz mitdünsten. Mit Weißwein ablöschen und vollständig einkochen lassen, bis der Weinduft verflogen ist. Nach und nach mit dem erwärmten Gemüsefond aufgießen und die Lorbeerblätter zugeben. Zwischendurch immer wieder testen, wie gar der Zartweizen ist (er sollte noch bissfest sein).
3. Marillen in Würfel oder Spalten schneiden und unter den Zartweizen mengen, kurz mitkochen lassen und mit etwas Butter, Parmesan und Sauerrahm verfeinern. Mit Salz und Pfeffer abschmecken. Nach Belieben etwas Marillenbrand unterrühren.

# KARL LAGLER
## DER BODENSTÄNDIGE

# ELISABETH LAGLER
## DIE ALLE ZUSAMMENHÄLT

*Sie haben sich, wie sich das für ein Winzer-Ehepaar gehört, beim Heurigen kennen und lieben gelernt.*

Vor über 30 Jahren, 1978 im Frühling, in einer kleinen Buschenschenke in der Wachau, da hat's gefunkt. Viel Zeit zum Turteln blieb den beiden nicht, denn schon im Sommer desselben Jahres eröffnete Karl seinen Heurigen und Elisabeth half tapfer mit. Noch im selben Jahr wurde Hochzeit gefeiert, und von da an bauten die beiden den Betrieb auf – Seite an Seite.

In Spitz, im Herzen der Wachau, umgeben von Weingärten liegt der Weinberghof. Seit 1789 ist die Familie Lagler in der Roten Torgasse in Spitz ansässig, aber erst Ende der siebziger Jahre vollzog sich der Wandel vom reinen Traubenproduzenten zum gefragten Weinmacher. Die Weingärten liegen in den besten Spitzer Lagen wie Tausendeimerberg oder Burgberg. Alte Rebbestände verbunden mit naturnaher Bearbeitung und qualitätsorientierte Maßnahmen prägen die Arbeit im Weinberg.

Karl Lagler ist trotz seines Könnens ein Winzer ohne Starallüren geblieben, auch wenn ihn die Medien in die Reihe der besten Weingüter der Welt aufgenommen haben.

*Beide, Karl und Elisabeth, lieben gutes Essen, vor allem Fische, die Donaufische, schließlich schwimmen die ja direkt vor der Haustür.*

Sie gehen oft und gerne essen, sie lieben es, mit Freunden und der ganzen Familie stundenlang bei den befreundeten Spitzenköchen zu sitzen, zu tratschen und zu genießen. Auch die Kinder waren schon im zarten Alter Gourmets. Eine der beliebtesten Fragen der Kinder am Sonntag war: „Wohin geht ihr denn essen?" Und je nachdem, ob das genannte Wirtshaus den kulinarischen Anforderungen des Nachwuchses gerecht wurde, kamen die Kinder mit oder blieben doch lieber zu Hause. Denn zu Hause wurde ja ohnehin so gut gekocht …

Karl ist ein Genießer, er hat einen „absoluten" Geschmacksinn, erzählt Elisabeth Lagler, „manchmal wird er beim Essen ganz ruhig und andächtig und dann sagt er, was hast du da Neues probiert?"

„Im Leben alles zu machen, solange man es kann.“

*Er erspürt wie ein Trüffelhund jedes neue Gewürz, jede Veränderung in der Zubereitung.*

Karl junior hat das Gen vom Vater geerbt und übte sich schon früh als kulinarischer Selbstversorger.

Für die Gäste im Weinberghof mit herrlichem Blick auf Spitz und die umliegenden Weingärten und beim Heurigen ist Elisabeth zuständig. Von weit her pilgern die Feinschmecker, wenn es auf der Karte ein Gericht gibt: Elisabeth Laglers berühmte Geflügelleber-Pastete mit Tresterpflaumen.

Dazu ein Glas Riesling Smaragd, der Sonnenuntergang auf der Terrasse … was kann schöner sein?

## WEINGUT HEURIGENHOF LAGLER

Rote Torgasse 10
A-3620 Spitz
Tel. +43 (0)2713 2516
E-Mail: info@weingut-lagler.at
www.weingut-lagler.at

## GR. VELTLINER SMARAGD SELECTION ELISABETH 07

14 % Vol. Alc.
Sehr aromatische Duftfülle, kandierte Früchte, Kräuter; Veltliner mit Kraft und sehr mineralischer Struktur, feinziseliertes Säurespiel, mit Biss und opulentem Hintergrund, lang anhaltender Abgang, große Zukunft.

# GEFLÜGELLEBER-PASTETE MIT TRESTER-PFLAUMEN

**Für 4 Personen:**

*500 g Geflügelleber (Enten- oder Gänseleber, am besten gemischt)*

*500 g Butter*

*4 Eier*

*1 große Zwiebel*

*1 Stamperl Wachauer Marillenschnaps*

*65 ml Grüner Veltliner Beerenauslese oder Eiswein*

*Salz, Pfeffer*

*Zimt, Majoran, Kardamon*

**Tresterpflaumen:**

*Tresterbrand*

*Dörrzwetschken*

*1 Stk. Zimtrinde*

*Gewürznelken*

1. Geflügelleber und Eier in der Küchenmaschine oder im Cutter zu Mus verarbeiten und durch ein Sieb streichen. Die Butter zerlassen, die Zwiebel in Scheiben schneiden und in der flüssigen Butter kurz anschwitzen lassen, anschließend Zwiebeln wieder herausnehmen. Die Butter abseihen und abkühlen lassen. Die Gewürze zum Lebermus geben, langsam die zerlassene Butter einrühren und Marillenschnaps und Wein langsam nach Bedarf dazugeben. Masse sollte nicht zu weich werden. Alles im Mixer gut verarbeiten. Die Masse in eine Pastetenform oder in kleine Gläser füllen und im Rohr im Wasserbad bei 150 °C 45 Minuten garen lassen.
2. Für die Tresterpflaumen den Tresterbrand mit Wasser verdünnen, die Dörrzwetschken, Zimtrinde und Gewürznelken einlegen und kurz erwärmen. Über Nacht stehen lassen, anschließend in Gläser abfüllen.
3. Mit Auslese-Weingelee, Tresterpflaumen und Wachauer Laberln servieren.

# NIKOLAUS UND CHRISTINE SAAHS

## CHRISTINE – DIE GEDULDIG SUCHENDE

*„Wir sind so altmodisch, dass wir schon fast wieder modern sind", sagt Nikolaus Saahs, Wachauer Top-Winzer mit uralten Wurzeln.*

Zurück zur Natur, zu den Wurzeln, die Rebstöcke verstehen und eine tiefe innere Beziehung zu den Pflanzen entwickeln – das ist im Nikolaihof nicht nur ein Schlagwort, sondern gelebte Tradition seit Generationen. Der Nikolaihof Wachau ist das älteste Weingut Österreichs und steht auf fast 2000 Jahre alten Mauern des römischen Castells Favianis. Einige der Mauern stehen noch, die wichtigsten – denn sie beherbergen den einzigartigen alten Weinkeller. Sogar den ersten schriftlichen Nachweis über Weinbau in der Wachau finden wir hier: Im 5. Jahrhundert zog sich der Hl. Severin, Schutzpatron der Bayern, hier in die Weinberge zum Gebet zurück.

Ein Rundgang durch das Anwesen ist wie ein Streifzug durch die Geschichte. Bereits 1075 als zentraler Sitz der Gutsverwaltung des Passauer Stiftes St. Nikolai erstmals urkundlich erwähnt, bildete der Nikolaihof durch all die Jahrhunderte immer einen machtpolitischen und später vor allem kirchlichen und geistigen Mittelpunkt. Über Jahrhunderte hinweg war der Nikolaihof im Besitz der Bischöfe von Passau, bevor er 1884 in den Besitz der Familie Saahs überging. Unter dem restaurierten gotischen Gewölbe der umgewidmeten Kapelle laden Christine und Nikolaus Saahs heute zu Empfängen und Weinproben.

Doch so viel Tradition verpflichtet zu einem besonders sorgsamen Umgang mit dem Erbe.

Und so bewirtschaftet die Familie Saahs das Weingut nach den Regeln des biologischen Landbaus und ist einer der wenigen Demeter-zertifizierten Betriebe Österreichs.

*„Das Prinzip heißt möglichst viel Kraft und Energie in den Wein legen, indem der Natur so wenig wie möglich ins Handwerk gepfuscht wird."*

Christine Saahs vergleicht es gerne mit dem Kochen: „Wir tun nicht mehr als umrühren, damit im Topf nichts anbrennt."

In der Weinstube, berühmt für ihre traditionellen Wachauer Schmankerln, wird nur mit Gemüse und Kräutern aus der eigenen Landwirtschaft gekocht, biologisch selbstverständlich, und das mit großem Erfolg. Genuss ist für Nikolaus und Christine Saahs untrennbar mit der Herkunft eines Produktes verbunden, niemals würde ein Paradeiser aus dem Glashaus oder ein Ei aus einer Legebatterie auf den Tisch kommen.

*„Eine gesunde Pflanze ist Lebensenergie, ist die Regenerationskraft für den Menschen", ist die Anthroposophin Christine Saahs überzeugt.*

Seit 37 Jahren gehen sie konsequent ihren Weg, der das Weingut zu einem der erfolgreichsten in Österreich gemacht hat. Das Vorurteil, dass Bio-Weine nach Sauerampfer schmecken würden und Bio-Küche unverdaulich sei, widerlegt der Nikolaihof auf höchstem Niveau.

„Nur tote Fische schwimmen mit dem Strom. "

Chinesisches Sprichwort

## NIKOLAIHOF IM WEINGEBIRGE
## GRÜNER VELTLINER SMARAGD 06

12,5 % Vol. Alc.

Duftig, pfeffrig würzig, vollmundig, elegant, grün-gelb in der Farbe, feinstrukturiertes, pfeffrig würziges Bouquet. Leicht würziger, vollmundiger Geschmack mit langem Abgang. Ein großer Grüner Veltliner, leicht zu trinken. Passt oftmals besser als Rotwein, z. B. bei feinem Schnittkäse, Lamm und dunklem Fleisch.

# GEFÜLLTE SELLERIESCHEIBEN
## MIT BRATKARTOFFELN UND WILDKRÄUTER-RAHM

**Für 4 Personen:**

*2 große Sellerieknollen*

*frische Kräuter (Liebstöckl, Majoran, Lauch, Oregano, Petersilie, Sellerieblätter)*

*500 ml Wasser*

*1 Knoblauchzehe*

*1 Zwiebel*

*evtl. 1 Lorbeerblatt*

*200 g würziger Käse (Edamer, Emmentaler)*

*Cayennepfeffer*

*Dinkelmehl*

*500 g speckige Kartoffel*

*250 ml Sauerrahm*

*gemischte Wildkräuter (Löwenzahn, Schafgarbe, Sauerampfer, Schnittlauch, Spitzwegerich, Petersilie)*

*Salz, Pfeffer aus der Mühle*

*etwas Olivenöl*

1. Den Sellerie schälen und roh in 1/2 cm dicke Scheiben schneiden. Das Wasser mit den gemischten Kräutern, Knoblauch und der feingehackten Zwiebel aufkochen lassen, die Selleriescheiben einlegen und ca. 15 Minuten leicht ziehen lassen, nicht zu weich kochen. Den Sellerie aus dem Sud nehmen und auf dem Brett auskühlen lassen. Käse in Scheiben schneiden und die Hälfte der Selleriescheiben damit belegen, mit Salz, Pfeffer aus der Mühle und einer Prise Cayennepfeffer würzen. Mit jeweils einer Selleriescheibe bedecken, in frisch gemahlenem Dinkelmehl wenden und in Olivenöl kurz anbraten.
2. Die Kartoffeln nicht zu weich kochen, mit einem scharfen Messer in Scheiben schneiden und in heißem Olivenöl knusprig braten.
3. Den Sauerrahm mit den gehackten Kräutern verrühren und mit Salz und Pfeffer aus der Mühle würzen. Auf einem Kapuzinerkresse-Blatt anrichten und zu den Selleriescheiben servieren.

# F.X. PICHLER
## DER NACHDENKLICHE

*„Großer Wein wächst weder im Weingarten noch im Keller, sondern im Kopf."*

Das sagt einer, der selbst schon zu Lebzeiten eine Legende ist, dessen Name als ein Garant für höchsten Genuss steht. Zwei Buchstaben sind es, F.X., die Weinfreunde aus der ganzen Welt mit Sehnsucht erfüllen.

Als der Grand Seigneur und Star-Winzer F.X. Pichler 1976 das Weingut seines Vaters in Oberloiben übernahm, einen über Generationen vererbten Familienbetrieb, der über einige wenige Hektar in den besten Terrassenlagen von Loiben und Dürnstein verfügte, hätte er sich den kommenden Erfolg wohl auch nicht träumen lassen. Doch bereits 1928 selektionierte Vater Franz Pichler sen. einen Grünen Veltliner, der kleinbeerige Trauben, aber dafür eine größere Extrakt-Dichte hervorbrachte, den frühen Grundstein für den kometenhaften Aufstieg und die unnachahmlichen Weine des Weingutes.

Wie viele Winzer der Wachau führte auch die Familie F.X. Pichler bis 1991 einen beliebten Buschenschank, doch die kostbaren Weine so einfach beim Heurigen zu verschleudern, das war nicht seine Welt. Er sei als Wirt völlig ungeeignet, sagt F.X., beinahe schon „ein Menschenfeind …"

*Der große internationale Durchbruch kam 1990 mit dem Riesling Smaragd Kellerberg.*

Mit seinem „M" für „Monumental" ist er längst in die Hall-of-Fame der Weinwelt eingezogen, und der Riesling „Unendlich" ist so etwas wie ein Lebenswerk, nicht nur weil er so unendlich ist im Abgang, sondern weil er seinen Schöpfer der Unsterblichkeit ein Stückchen näher bringt …

Seine Weingärten gehören zum Besten, was die Wachau zu bieten hat; zählen der Dürnsteiner Kellerberg und der Loibner Loibenberg doch zu den besten Einzellagen der Welt, steile Urgesteinslagen, die nur von Hand zu bearbeiten sind.

F.X. ist nicht nur ein begnadeter Wein-Künstler, er ist auch ein schöpferischer bildender Künstler, malt seine eigenen Impressionen. Nicht um bekannt zu werden, das hat er schon lange nicht mehr nötig, sondern für sich selbst, zu seiner eigenen Freude malt er „alles, was mir gefällt in meiner Umgebung".

Er ist aufgewachsen mit Bildern alter Meister, hat selbst gesammelt, war ein halbes Leben lang umgeben von klassischer Kunst. Doch Leben ist Veränderung und so entschloss er sich eines Tages, seinen Wohnsitz mit modernen Gemälden auszustatten, jünger und lebendiger. Er ging in die Artothek, um sich Bilder auszuborgen, Moderne, doch den Perfektionisten konnten sie nicht zufrieden stellen.

*Und so wie er seinen Weinen seine ganz persönliche Handschrift verleiht, so machte er es mit den Bildern – er griff selbst zum Pinsel, um seinen Eindrücken Ausdruck zu verleihen.*

Zuerst zurückgezogen und im Verborgenen – er ist ja bekanntlich kein Mann von großen Worten –, bis eines Tages seine Frau zu ihm sagte: „Diesmal hast du schöne Bilder ausgesucht, in der Artothek" – das waren seine eigenen. Damit war der Durchbruch geschafft – zumindest familienintern.

Einer, der wie er oft durch die halbe Welt fährt, von Bilbao bis New York, dessen Weine in über 26 Ländern dieser Erde in den besten Restaurants auf der Karte stehen, der mit den Spitzen-Köchen freundschaftlich verbunden ist, der freut sich doch, nach einer langen Reise nach Hause zu kommen.

Und auf die gute, regionale Küche daheim. F.X. Pichler zieht es trotz aller Besuche in der Spitzengastronomie, oder vielleicht gerade deshalb, im Grunde seines Herzens zu den einfachen Gerichten seiner Kindheit. Gerichte, die man nur mehr selten kocht, wie Rindfleisch mit Paradeissauce oder das Rindfleisch mit Dill-Sauce.

*„Aber das krieg ich ja fast nie", seufzt F.X. sehnsüchtig. Täglich könnt' er's essen, wenn er nur dürfte.*

„Ich liebe die Kunst, auch die Moderne, bin aber drauf gekommen, dass ich beim Essen das Einfache, Ungekünstelte liebe."

## WEINGUT F.X. PICHLER

Oberloiben 27
A-3601 Dürnstein
Te. +43 (0)2732 85375
E-Mail: winery@fx-pichler.at
www.fx-pichler.at

## GRÜNER VELTLINER SMARAGD LOIBNER BERG 07

14 % vol. Alc.

Saftige, reife Frucht, elegante Würznoten, extraktsüß am Gaumen, Anklänge von Maschansker Äpfeln und Waldhonig, druckvoll und mächtig, aber nicht zu opulent, durchaus gebündelt, leichte Fruchtsüße im Ansatz, kernig und mit relativ nerviger Säure abgehend, schöne Anlage, großes Potenzial. Ein schlummernder Riese.

# GEKOCHTES RINDFLEISCH IN PARADEIS- ODER GURKENSAUCE

**Für 4 Personen:**

*Rindfleisch*
*Wurzelwerk*
*Rindsknochen*

**Paradeissauce:**

*300 g sehr reife Tomaten*
*1 Bund Frühlingszwiebeln*
*etwas Mehl*
*Schlagobers*
*Tomatenmark*
*Zucker*
*Salz, Pfeffer*
*65 ml Weißwein*
*Maizena*

**Gurkensauce:**

*1 große Gurke*
*etwas Sauerrahm*
*Salz, Pfeffer*
*frische Dille*
*Maizena*

1. Das Rindfleisch schon am Vorabend zubereiten. Dazu Wasser mit dem geschnittenen Wurzelwerk und den gewaschenen Knochen erhitzen, das Fleisch ins bereits kochende Wasser legen und sehr langsam köcheln lassen. Erst zuletzt salzen, damit die Suppe nicht trüb wird.
2. Für die Paradeissauce die Jungzwiebeln in Fett andünsten. Die Tomaten enthäuten, entkernen, in Würfel schneiden, zu den Zwiebeln geben und köcheln lassen. Obers mit Mehl verrühren und untermengen. Die Sauce mit dem Pürierstab pürieren und mit Tomatenmark, Zucker, Salz und Pfeffer abschmecken. Etwas Weißwein zugeben und mit Maizena leicht binden.
3. Für die Gurkensauce die Gurke in feine Scheiben hobeln, salzen und 1 Stunde stehen lassen. Anschließend das Wasser ausdrücken und die Gurke in Butter weich dünsten. Etwas Sauerrahm mit Maizena verrühren und untermengen, nochmals kurz aufkochen lassen und mit Salz, Pfeffer und frischer Dille abschmecken.

### TIPP:

Dazu passen als Beilage „abgeschmalzene Erdäpfel“: Erdäpfel kochen, schälen und in feine Scheiben schneiden. Eine klein geschnittene Zwiebel in Butterschmalz anrösten und die Erdäpfelscheiben mitrösten.

# KAMPTAL

## Grüner Veltliner und Riesling, Millionen Jahre jung

***Heiß und kalt, mild und rau, eng und weit, Millionen Jahre alte Urkraft und innovative Technik – im Kamptal sind die Gegensätze zu Hause.***

Scheinbare Widersprüche, die sich hier zu reizvoller Harmonie vereinen.

Namensgeber ist der Kamp, die Metropole ist Österreichs größte Weinstadt Langenlois – und mit 4.000 Hektar Rebfläche ist das Kamptal auch eines der größeren Weinbaugebiete des Landes. Kultur und Tourismus haben hier besonderen Stellenwert, verstärkt durch zahlreiche Heurigenbetriebe und Vinotheken.

Im Schatten des kleinen, aber weitaus berühmteren Nachbarn Wachau Jahrhunderte lang unter seinem Wert geschlagen, erwacht das Kamptal jetzt eruptiv aus seinem Dornröschenschlaf. Kleine, verträumte Orte: von Langenlois der „Weinstadt“, über Strass, der höchstprämierten Weinbaugemeinde Österreichs, Zöbing und Schönberg nach Stiefern – das ist Sommerfrische-Romantik gepaart mit höchster Weinkultur!

***Das Kamptal ist alt. Uralt. Mit einer Milliarde Jahre Erdgeschichte und 30.000 Jahren Menschheitsgeschichte gehört es zu den ältesten Kulturregionen Europas.***

In den Eiszeiten setzte sich hier Löss in gewaltigen Schichten ab, der Kamp sorgte für lehmig-sandigen Untergrund und an manchen Orten tritt auch das berühmte Urgestein zutage.

Terroir, oft zitiertes und viel diskutiertes „Zauberwort“ der modernen Weinszene, spielt im Kamptal eine große Rolle, befindet sich doch mit dem Heiligenstein hier eines der markantesten Lagen-Monumente für eigenständige, charaktervolle Weine. Der Name verweist auf die „höllische“ Sonneneinstrahlung, die ein heißes, trockenes Kleinklima verursacht. Geologisches Spezifikum ist der Boden: Er stammt bereits aus dem 270 Millionen Jahre alten Perm-Zeitalter und ist ein Wüstensandstein mit vulkanischen Bestandteilen. Auf den steilen Terrassen am Südhang des Berges – so steil, dass keine dauerhafte Lössauflage angeweht werden konnte – wurzeln hauptsächlich Rieslingreben, die kraftvolle, mineralische und vor allem äußerst langlebige Weine hervorbringen. Der Donau zu verändern sich die Bodenformationen der Weinberge, hier sind auf breiten Löss- und Lehmterrassen gute Voraussetzungen für eine große Vielfalt an Rebsorten und Weintypen gegeben. Dabei spielen neben dem Grünen Veltliner die Burgunderfamilie sowie auch der Blaue Zweigelt ihre Stärken aus. Klimatisch macht sich im Kamptal die Dynamik zwischen dem heißen, pannonischen Becken im Osten und dem kühlen Waldviertel im Nordwesten bemerkbar. Das Spiel zwischen der Hitze am Tag und den eher zurückhaltenden Nachttemperaturen verleiht den Trauben große Aromafinesse und eine lebendige Säure.

### *Die Winzer - preisgekrönte Häupter*

Ein großer Teil der Traditionswinzer und viele große Namen sind im Kamptal zu Hause und haben Langenlois zu einer Metropole des Weinbaus gemacht.

## KAMPTAL

# WILLI BRÜNDLMAYER
## DER FEINSINNIGE

***Man braucht Zeit und ein Gefühl der Dankbarkeit für den Genuss, sagt Willi Bründlmayer. Er ist ein Lebenskünstler, verträumt und neugierig.***

Ursprünglich wollte Winzer Willi Bründlmayer ein „echter" Künstler werden, jetzt ist er ein Künstler des Weinanbaus und ein Kunst-Sammler. Im Kamptal, in Langenlois liegt das Weingut Bründlmayer. Hier wachsen die Reben auf Wüstensandstein in terrassierten Lagen, auf Lagen wie dem Zöbinger Heiligenstein, dessen Boden aus der Perm-Zeit stammt, 270 Millionen Jahre alt. Seit 1980 lenkt hier Willi Bründlmayer gemeinsam mit seiner Frau Edwige die Geschicke, wobei er in dieser Zeit den elterlichen Betrieb zu einem der führenden Weingüter Österreichs machte.

Vom Volkswirt zum Weinbauern. Sicher ist sicher, dachte sich der junge Bründlmayer damals und studierte neben seiner Weinbauausbildung auch Volkswirtschaft. Seine Praktika in verschiedenen bekannten Weinbaugebieten u. a. in Burgund, haben ihn nachhaltig geprägt.

***Willi Bründlmayer zählt heute zu den national wie international anerkanntesten Winzern Österreichs.***

Er wurde vom britischen Weinmagazin „Decanter" unter diejenigen 50 Persönlichkeiten eingereiht, die in den nächsten Jahrzehnten das Gesicht der Weinwelt verändern werden. Willi Bründlmayer ist in allem, was er tut, ein Ästhet: „Die Kunst des Weinmachens besteht darin, ein auf lebendigem Boden gewachsenes Naturprodukt so zu verstehen, dass die Verwandlungen, die Rebe, Traube, Most und Wein durchlaufen, eine Melodie entstehen lassen.

***Der Wein erzählt vom Boden, von Hitze, Kälte, Sturm und Regen, von Landschaft und von den Menschen, mit denen er zu tun hatte."***

Auch in der Küche legt Willi Bründlmayer großen Wert auf Qualität: „Was mich an Essen und Trinken interessiert, ist die Wahrnehmung der eigenen Sinne, zu versuchen, aufmerksamer und empfindsamer zu werden." Gekocht wird viel französische Bistro-Küche, schließlich ist seine Frau Edwige ja Französin, da gibt es zum Dessert dann statt Apfelstrudel eine leckere „Tarte aux pommes".

***Die Basis für den kulinarischen Genuss im Hause Bründlmayer ist der hohe Eigenanteil der Produkte, eigentlich sind sie ja praktisch Selbstversorger.***

Das Gemüse, die Kräuter und Früchte, der Salat – alles kommt aus dem eigenen Garten. Acht verschiedene Paradeiser-Sorten wachsen im Garten, und seit kurzem hat Willi Bründlmayer auch die Patenschaft über einen halben Büffel übernommen, ein engagiertes Projekt eines befreundeten Waldviertler Käsemachers. Weil Büffel teuer in der Erhaltung sind, gibt es die Möglichkeit, Patenschaften über ein Tier zu übernehmen. Die „Dividenden" werden in Form von Käse ausgezahlt, und so hängt jeden Morgen ein Sackerl mit frischem Büffelkäse an der Haustür des Winzers. Willi Bründlmayer nimmt sich gerne Zeit zum Genießen, mit Freunden und der

## „7 Stunden – 7 Weine – 7 Jahre“

ganzen Familie. Und dann wird gemeinsam gekocht, am liebsten Willi's 7-Stunden-Lamm. Eine Allegorie auf die Zahl 7, ein Lamm für 7 Personen mit 7 verschiedenen Weinen.

Schon bei den Vorbereitungen helfen alle mit, und während das Lamm 7 Stunden langsam gart, werden die Weine auf den Tisch gestellt, 7 verschiedene, und jeder trinkt, was ihm schmeckt.

*„Das ist kreatives, kulinarisches Chaos“, freut sich der Winzer, „es ist immer interessant zu sehen, welche Flasche als erste leergetrunken ist …“*

WEINGUT BRÜNDLMAYER

Zwettlerstraße 23
A-3550 Langenlois
Tel. +43 (0)2734 2172-0
E-Mail: weingut@bruendlmayer.at
www.bruendlmayer.at

## RIED LAMM GRÜNER VELTLINER 2001

14 % Vol. Alc.

Dieser Grüne Veltliner Lamm ist ein Reserve Wein, der mit einigen Jahren Reife zulegt. In dieser Lage werden die Trauben besonders reif und konzentriert und bekommen eine Wärme, wie man sie sonst fast nur von Burgundersorten kennt. Einerseits handelt es sich bei diesem 7 Jahre gereiften Jahrgang um die Quintessenz des Grünen Veltliners, andererseits verlässt man das, woran man beim Grünen Veltliner gewöhnt ist, nämlich die Leichtigkeit und Spritzigkeit.

**Für 4 Personen:**

*1 Lammkeule, ca. 2,5 kg*

*10 Knoblauchzehen*

*3–4 Zwiebeln*

*500 ml Weißwein, z. B. Grauburgunder (oder ein leichter Rotwein)*

*250 ml Rindsuppe zum Aufgießen*

*gewürfelte Tomaten*

*Olivenöl*

*Butter*

*Thymian*

*Rosmarin*

*Lorbeerblatt*

*Salz, Pfeffer*

# 7-STUNDEN-LAMMKEULE

*1.* Die Lammkeule in einem großen Topf mit etwas Olivenöl und Butter anbraten. Die grob geschnittenen Zwiebeln, den Knoblauch, die gewürfelten Tomaten und die Kräuter um die Keule legen. Einige Minuten stehen lassen, dann mit Weißwein begießen, etwas Suppe zugeben, zudecken und sehr langsam bei ca. 140 °C 7 Stunden im Backrohr schmoren lassen. Immer wieder nachsehen, ob das Lamm nicht anbrennt, eventuell mit etwas Suppe feucht halten. Das Fleisch selbst sollte man nicht zu viel angreifen, da es leicht zerfällt. Vorsichtig anrichten und mit sautiertem Topinambur, Spaltbohnen und einem Kartoffelgratin servieren.

*2.* Eine Lammkeule 7 Stunden im Backrohr zu lassen, klingt für jeden, der gelernt hat, dass Lamm nie länger als 25–30 Minuten pro Kilogramm gebraten werden darf, wie Häresie. Es erweist sich aber als ein kulinarisches Erlebnis! Erst durch das langsame Schmoren entfalten sich die zarten Aromen des Bratens vollständig.

*3.* Weinempfehlung: „Lamm zu Lamm" – Grüner Veltliner Ried Lamm 2001

# PETER DOLLE

## DER CHARMANTE ESSENSBEGLEITER

***„Ich bin ein charmanter Essensbegleiter", sagt Peter Dolle über sich selbst.***

Er liebt es, in schönem Ambiente Wein und gutes Essen zu genießen, nicht zu viel, denn er ist auch ein sehr guter und begeisterter Tänzer, und das Essen soll sich ja nicht auf den Magen schlagen. Gutes Essen als Einstimmung auf einen schönen Tanzabend zu zweit, das ist seine Vorstellung vom kleinen Glück.

Ein stattlicher Hof in der malerischen Weinbaugemeinde Strass im Strassertal, einem Ort mit jahrhundertealter Weinkultur – das ist das Weingut Dolle.

Schon der Urgroßvater hatte vor 1900 einen großen Gutsbetrieb in Strass, mit Landwirtschaft und Weinbau. Ein verwinkelter Keller mit romantischen Ecken, einer Vinothek mit Raritäten bis zurück in die 60er Jahre und einer wunderschönen alten Weinstube.

***Die Weinstube ist das Herzstück des Betriebes und seit Jahrzehnten berühmt für die Backhendln.***

Nicht irgendwelche, sondern die besonders Knusprigen, weil die „ausgezogen werden", ohne Haut paniert, darauf legt er persönlich allergrößten Wert, damit die Hendeln auch wirklich so einzigartig schmecken.

***Schon als Bub ist Peter Dolle mit den Eltern gerne zum Backhendl-Essen gefahren, das war immer ein ganz besonderes Sonntags-Essen.***

Und als dann die Weinstube eröffnete, war er bald das beliebteste Kind im Kindergarten, besonders bei den Tanten, weil er ab und zu die knusprigen Backhendeln mitbrachte. Er war ja schon immer ein Charmeur …

Er reist sehr gerne, am liebsten mit der Transsibirischen Eisenbahn von Moskau nach Peking, um die Weite, die unendliche Weite zu genießen und zu sehen, wie das Leben sein kann, da draußen.

Daheim, im Kamptal, dem Weißweingebiet, gilt er auch als „Vorzeigebetrieb" für Rotwein, was neben den zahlreichen Auszeichnungen für seine Rieslinge, Grüne Veltliner und Weißburgunder auch die Rotwein-Prämierungen eindrucksvoll belegen.

Er war immer ein Vorreiter für höchste Qualität, war 1986 Gründungsmitglied der „Traditionsweingüter", die damals nach dem Weinskandal Zeichen setzen wollten für das Kamptal und das Donauland. Der Grundidee der Lagenklassifizierung ist Peter Dolle bis heute treu geblieben, er ist stolz auf seine Urgesteinslagen vom Heiligenstein, 150 Millionen Jahre Terroir in 1 Flasche.

***Und weil er das auch schon als Bub so gerne gehabt hat, kocht er heute noch selbst mit seinen besten Rieslingen.***

Zum Beispiel die Strasser Rieslingsuppe, nach altem Familienrezept, und dazu ein Glas vom Heiligensteiner, als charmanten Essensbegleiter …

„Wichtig ist nicht das ewige Leben, sondern die ewige Lebendigkeit.“

Friedrich Nietzsche

WEINGUT DOLLE

Herrengasse 2
A-3491 Strass/Strassertal
Tel. +43 (0)2735 2326
E-Mail: weingut@dolle.at
www.dolle.at

## GRÜNER VELTLINER, GAISBERG 07

13% Vol. Alc.

Blankes, grünliches Gelb; attraktiv-würziger Duft nach Pfeffer und feuchtem Unterholz, Moos und Pilzen. Ein von exzellenter Fruchtwürze gekennzeichneter Veltliner, herrlich pfeffrig und mineralisch durchwoben, der einen weiten Bogen an Nuancen beschreibt, eine glockenklare Struktur aufweist und über tiefen Hintergrund verfügt.

# STRASSER RIESLINGSUPPE

**Für 4 Personen:**

*40 g Butter*
*1 Zwiebel*
*1 Knoblauchzehe*
*2 Karotten*
*2 Erdäpfel*
*1 l Hühnersuppe*
*125 ml Riesling*
*250 ml Schlagobers*
*Salz, Pfeffer*

1. Zwiebel, Knoblauch, Karotten und Erdäpfel klein schneiden, in Butter anbraten, mit dem Riesling ablöschen und mit Hühnersuppe aufgießen. Etwa 20 Minuten bei mittlerer Hitze kochen lassen, anschließend alles mit dem Mixstab pürieren und Schlagobers zugeben.
2. Zuletzt mit Salz und Pfeffer abschmecken und heiß mit knusprigen Croûtons bestreut servieren.

# STRASSER BACKHENDERL

**Für 4 Personen:**

*1 Hendl*
*Mehl*
*Eier*
*Brösel zum Panieren*
*Öl*

1. Das Hendl putzen, unbedingt von der Haut befreien, in Stücke teilen und in Mehl, Eiern und Bröseln panieren. Bei mittlerer Hitze im Fett schwimmend bei 160 °C etwas 20 Minuten backen.
2. Mit Erdäpfelsalat servieren.

# BIRGIT EICHINGER

## DIE PERFEKTIONISTIN

***Sie ist eine Perfektionistin, aber im positiven Sinn.***

Man muss bei vielen Dingen erst den Perfektionismus anstreben, um Genuss zu erleben, sagt Birgit Eichinger. Denn von einem ist sie überzeugt:

Große Weine entstehen im Kopf und im Herzen. Volle Konzentration bei allem, was sie tut, und mit ganzem Herzen, so nebenbei gibt es bei Birgit Eichinger nicht. Alles, was ihr gut tut, empfindet Birgit als Genuss, und entscheidet oft aus dem Bauch heraus. Als Frau in einer Männerdomäne, das war nicht ganz einfach: Die Eltern haben sie auf die Weinbauschule in Krems geschickt„ … dort wirst du schon den Richtigen finden“, hat der Vater gesagt.

Der Perfektionismus zieht sich auch im Keller durch.

***Denn anders als beim Kochen, sagt Birgit, muss man in der „Keller-Küche“ das ganze Jahr leben mit den Fehlern, die man macht.***

Und ihr Perfektionismus trägt Früchte: So wurden ihre Weine bereits mit zahlreichen internationalen Trophäen ausgezeichnet.

1992 war die Geburtsstunde des Betriebes: Mit 3,5 Hektar Weingärten des elterlichen Betriebes hat Birgit Eichinger begonnen und gemeinsam mit ihrem Mann mittlerweile auch die Weingartenfläche erweitert. Und so keltert sie heute Spitzenweine aus Rebflächen in den besten Strasser Traditionslagen.

***Kulinarisch ist Birgit ziemlich verwöhnt. Entweder geht sie ins Restaurant Mama, für sie das Beste überhaupt, oder gleich in ein Haubenlokal.***

Sie liebt die Erlebnis-Gastronomie, die Faszination, wenn eine Speise außergewöhnlich präsentiert wird. Wichtig ist natürlich ein erstklassiges Produkt, „aber das I-Tüpfelchen“, schwärmt sie, „ist einfach, wenn nicht nur der Gaumen berührt wird, sondern auch die anderen Sinne, die Fantasie geweckt wird …“

Sie ist Gründungsmitglied von „11 Frauen und ihre Weine“ – Interessengemeinschaft, Freundeskreis und Schicksalsgemeinschaft. 1999, bei einem Gourmet-Festival im Rheingau, kam ihnen gemeinsam mit Birgit Braunstein und Heidi Schröck bei einem kulinarischen Abend „Power-Frauen“ mit Winzerinnen, Köchinnen und Sommelièren die Idee, diese „Frauen-Power“ auch daheim weiterzuleben.

***Die Winzerinnen von „11 Frauen und ihre Weine“ sind Gefährtinnen, Freundinnen, haben ihre Kräfte gebündelt.***

Gemeinsam wird verkostet, diskutiert, besprochen, gereist und viel gelacht. Und zu ganz besonderen Anlässen werden mit Freunden Feste gefeiert.

Da steuert dann jede ihren kulinarischen Beitrag bei, Birgits „Fleisch-Käse-Strudel“ ist da sehr beliebt, den essen alle gerne, „der ist ideal für einen Winzerhaushalt und schnelle Feste“. Und passt so gut zu den fruchtigen Grünen Veltlinern aus dem Kamptal.

„In der Perfektion
liegt der Genuss.“

## WEINGUT BIRGIT EICHINGER

Langenloiserstraße 365
A-3491 Strass
Tel. +43 (0)2735 5648-0
E-Mail: office@weingut-eichinger.at
www.weingut-eichinger.at

## GRÜNER VELTLINER WECHSELBERG 2007

13 % Vol. Alc.

Fein duftiger Klassiker mit vegetaler Würzigkeit, Spargel, minzig-pfeffrige Kühle, reifes Kernobst; am Gaumen ruhig strömend, von feiner Mineralik durchzogen, rauchiger Unterton, perfekte Balance, mundfüllend, schöner Punch im Finale. Passt wunderbar zu würzigen Speisen und Strudelgerichten.

# FLEISCH-KÄSE-STRUDEL

**Für 4 Personen:**

*300 g TK-Blätterteig*

*1 Zwiebel*

*200 g grüne Paprikaschoten*

*400 g faschiertes Rindfleisch*

*3 EL Öl*

*2 EL Tomatenmark*

*1 gestrichener TL Salz*

*1/2 TL Pfeffer*

*2 kleine Knoblauchzehen*

*Thymian, evtl. Oregano*

*Petersilie*

*125 g Chester-Schmelzkäse oder Toastkäse*

*1 Eidotter*

1. Den Blätterteig auftauen lassen und zu einem ca. 40 x 45 cm großen Rechteck ausrollen.
2. Paprika und Zwiebel klein schneiden und in Öl 10 Minuten dünsten, Petersilie und Knoblauch zugeben, kurz mitdünsten und auskühlen lassen.
3. Das Faschierte mit Tomatenmark, Salz, Pfeffer, Thymian und Paprika-Zwiebel-Mischung gut vermengen. Auf dem Blätterteig verteilen, dabei am Rand 2 cm frei lassen und mit dem zerkleinerten Käse belegen.
4. Den Strudel von der Schmalseite her aufrollen und die Enden gut festdrücken. Mit verquirltem Eidotter bestreichen und im vorgeheizten Backrohr zuerst 10 Minuten bei 220 °C, dann weitere 25 Minuten bei 175 °C backen.

# KARL JURTSCHITSCH

## DER BEINAHE KOCH GEWORDEN WÄRE

Karl Jurtschitsch wäre ja eigentlich beinahe Koch geworden. Er war der Jüngste der drei Brüder und sollte mit 14 Jahren als Koch in die Lehre gehen. Er hatte sich im Geiste schon als Schiffskoch gesehen, hinaus in die Welt wollte er gehen, ein eigenes Restaurant wollte er eröffnen.

*„Man muss Luftschlösser bauen, wenn man ein richtiges haben will", sagt er.*

Doch wie so oft kam es anders, als man denkt, und der junge Karl machte, anstatt den Kochlöffel zu schwingen, ein Betriebswirtschafts-Studium, um gemeinsam mit den beiden Brüdern Edwin und Paul die 150-jährige Familientradition im Sonnhof, dem Familienweingut, fortzuführen.

Der Sonnhof ist ein historisches Anwesen, die Kelleranlagen stammen nachweislich aus dem 14. Jahrhundert, aus der Babenbergerzeit. Der Gutshof wird erstmals im Jahr 1541 urkundlich erwähnt. Das „Haus am Kloster" diente bis ins 18. Jahrhundert den Franziskanern als Lesehof. Das über dem Torbogen des Alten Sonnhof eingemeißelte Familienwappen fanden einst die Vorfahren im Weingarten – ein Paar gekreuzte gotische Schlüssel: ein Hinweis darauf, dass die Geschichte des Weinguts lange vor der ersten urkundlichen Erwähnung im 16. Jahrhundert begonnen hat. Seit 1868 befindet sich das Anwesen in Familienbesitz und ist Zeuge einer wechselhaften Familiengeschichte. Bereits in den 30er Jahren führte der Großvater im Weingut die Filtration und die Flaschenfüllung ein. Er pflanzte bedeutende Bestände an Rotweinsorten und brachte den damals noch exotischen Weißburgunder ins Kamptal.

Mit dem „GrüVe" setzten die Brüder Jurtschitsch Mitte der 80er Jahre neue Maßstäbe: ein neuer Weintyp, jung und frisch mit einem Künstleretikett vom Maler Hans Christian Attersee – was damals aufregte, ist heute Kult.

*Karl ist ein wissbegieriger Pioniergeist, das hat Tradition, und auch, dass in der Familie immer schon in Generationen gedacht wurde, mittlerweile mit Alwin schon in der 6. Generation.*

Die Aufzählung sämtlicher Prämierungen, Medaillen und Ehrungen, welche die „Jurtschitsch-Brüder" im Laufe der letzen Jahrzehnte weltweit mit ihren Weinen erringen konnten, würde Seiten füllen. Dass sie für ihr Lebenswerk bereits zu Lebzeiten geehrt wurden, spricht für sich.

Das erste kulinarische Erlebnis seiner Kindheit hat Karl tief geprägt: Es war 1955, also bald nach dem Krieg im Hafen von Triest, wo er mit dem Vater und den Brüdern einige Tage verbrachte, dort sah der damals 7-jährige Bub das 1. Mal in seinem Leben einen Fischmarkt mit Haien, Thunfischen, Muscheln und anderen Meeresfrüchten.

***Dass der Vater damals jedem der Buben eine Auster kaufte, damit „ihr weltoffen werdet und nicht sagt, was der Bauer nicht kennt, dass isst er nicht“, das beeindruckt Karl Jurtschitsch bis heute .***

Er kommt viel in der Welt herum, und trotzdem oder gerade deshalb, freut er sich immer wieder auf einfache, regionale Küche, auf Freitag, weil da gibt's Fisch und Mehlspeis.

Er ist ja eigentlich ein „Mehlspeis-Tiger“ und sein Lieblingsrezept ist die Geburtstagstorte seiner Kindheit: Omas Apfeltorte. Die liebt die ganze Familie, und sie schaut nicht nur schön aus, sie hat auch „innere Werte …“

„Prüfe alles und behalte das Gute.“

WEINGUT
JURTSCHITSCH-SONNHOF

Rudolfstraße 39
A-3550 Langenlois
Tel. +43 (0)2734 2116
E-Mail: office@jurtschitsch.com
www.jurtschitsch.com

## GRÜNER VELTLINER SCHENKENBICHL AUSLESE 06

13% Vol. Alc.

Die Auslese präsentiert sich elegant im Duft, sehr subtil und vielschichtig mit Trockenfruchtaromen. Am Gaumen wird die zarte Botrytis durch die Süße und die feine Säure harmonisch ergänzt. Hier steht die elegante Frucht im Vordergrund, wobei die honigartige Finesse lange nachklingt.

# APFELTORTE VON DER OMA

**Für 4 Personen:**

*140 g Mehl*

*100 g Butter*

*70 g Zucker*

*1 Handvoll geriebene Nüsse*

*1 Dotter*

*3 - 4 große Äpfel*

*Rosinen*

*Mandelstifte*

*4 Eiklar*

*etwas Zucker*

*1.* Mehl, Butter, Zucker, Nüsse und Dotter zu einem Teig verkneten und 1/2 Stunde ruhen lassen. Ausrollen, auf ein ausgebuttertes Kuchenblech legen und ca. 15 Minuten vorbacken.

*2.* Die Äpfel schneiden, kurz dünsten und abseihen. Äpfel, Rosinen und gestiftelte Mandeln vermengen. Eiklar mit wenig Zucker zu Schnee schlagen und unter die Äpfel heben. Die Masse auf dem vorgebackenen Teig verteilen und fertig backen.

# KARL STEININGER
## DER VOR IDEEN SPRUDELNDE QUERDENKER

*„Mit dem Suppenlöffel kommt auch die Flasche Sekt auf den Tisch", sagt Karl Steininger, der Sekt-Pionier aus dem Kamptal.*

Alles dreht sich im Leben der Winzer-Familie Steininger seit Beginn der 90er Jahre um ein einziges prickelndes Thema: den Schaumwein. Es wird gefeiert, mit Freunden gekocht oder einfach mal am Abend entspannt, nach einem stressigen Tag bei einem Glas Sekt.

Während eines Urlaubs in der französischen Champagne vor vielen Jahren, da hat sie die Leidenschaft gepackt, erzählt Karl. An der Geburtsstätte des Champagners „war uns schnell klar, dass die Herstellung von Schaumwein eine Leidenschaft werden könnte". 1989 starteten die Steiningers mit ihrem ersten Winzersekt vom Riesling. Der Sekt wurde auf Anhieb Niederösterreichischer Landessieger. „Das spornte uns natürlich an", erzählt Karl Steininger. Alle Sekte, die reinsortig und mit Jahrgang verarbeitet werden, entstehen am Weingut selbst, werden im eigenen Betrieb versektet, nach der „traditionellen Methode" verarbeitet.

Dass der Champagner immer nur mit Feiern, Lifestyle und leichtem Leben in Verbindung gebracht wird, das stört ihn. Auch, dass der Schaumwein gemeinhin als Lieblingsgetränk der Frauen gilt.

*„Als Liebhaber muss man sich mit dem Thema Sekt auseinander setzen", sagt er, als Mann will er weg von diesem „Tralala-Image", hin zur Qualitäts-Offensive.*

Schließlich gibt es beim Sekt mehr verschiedene Geschmacksnuancen als beim Wein. „Sekt muss ernsthafter werden!"

Ein frommer Wunsch in einem Haushalt, den offensichtlich die Frauen dominieren. 5 Frauen regieren sein Leben, die Mutter, die mit dem Vater gemeinsam das Weingut aufgebaut hat, seine Frau Brigitta, die Managerin, und die 3 Töchter, die jede selbst schon für die eigenen Weine und Sekte verantwortlich sind. Karl Steininger ist ein Querdenker und er hatte einen Traum: So wie er es in der Champagne gesehen hatte, die weiten, offenen Keller, so wollte er auch die jahrhundertealten Keller in Langenlois öffnen und begehbar machen.

Ein 900 Jahre altes, weit verzweigtes Labyrinth durch die alten Weinkeller der Weinstadt, zu schön und wertvoll, um ein Dornröschen-Dasein zu verschlafen. Große Dinge entstehen oft im Kopf.

*Karl traf sich mit seinen Nachbarn, und einen Abend und 3 Flaschen Wein später war die Idee geboren.*

Sie wollten ihre Keller zusammenlegen, die Mauern zwischen den Kellern niederreißen. Einen Ort voller Genuss, Mythos und Spannung – genau das wollten die drei Langenloiser Familien Steininger, Haimerl und Nidetzky umsetzen, als sie die „Weinvisionen Langenlois" gründeten und 2001 mit dem

Bau des LOISIUMS begannen. Alles andere ist Geschichte. Eine unglaubliche Erfolgsgeschichte von Visionen und mutigen Entscheidungen. Stararchitekt Steven Holl baute einen wahr gewordenen Traum aus Beton und Glas über das Keller-Labyrinth und Langenlois hatte eines der meistbewunderten Museen der Welt.

### *Der Sonntag ist der Tag des Herrn im Hause Steininger – und zwar im wörtlichen Sinn.*

Da kocht der Hausherr persönlich, geht selbst einkaufen, weil er seine Frauen verwöhnen will. Sein Lieblingsgericht sind die „Scampi à la Karl", gebratene Scampi mit Nudeln und mit Sekt gelöscht. Da kann er sich dann entspannen und natürlich kommt zu den Suppenlöffeln die Flasche Sekt auf den Tisch …

„Was wäre das Leben ohne die Frauen."

WEINGUT STEININGER

Walterstraße 2
A-3550 Langenlois
Tel. +43 (0)2734 2372
E-Mail: office@weingut-steininger.at
www.weingut-steininger.at

## SAUVIGNON BLANC SEKT 06

13,5 % Vol. Alc.

Jahrgangssekt, traditionelle Flaschengärung, handgerüttelt, helles Gelbgrün. In der Nase feine Noten von reifen Stachelbeeren, Brennnesseln und ein zarter Duft von Grapefruit. Am Gaumen elegant, mineralisch frische Säurestruktur, sehr typische Würze – blühender Holunder, rassig-präziser Sortenausdruck, elegant und harmonisch im Körper, sehr feine Perlage.

# SCAMPI À LA KARL

**Für 4 Personen:**

*frische Scampi*

*Olivenöl*

*gebackte Petersilie*

*Knoblauch*

*etwas frischer Chili*

*Salz, Pfeffer*

*1 Flasche Sauvignon Blanc Sekt*

1. Olivenöl erhitzen und die Scampi darin scharf anbraten.
2. Knoblauch, Petersilie und Chili kurz mitrösten und mit einem Schuss Sauvignon Blanc Sekt ablöschen. Die Sauce etwas reduzieren lassen.
3. Je nach Belieben die Scampi gemischt mit Bandnudeln anrichten oder solo mit Baguette und Blattsalat servieren.

# HANS TOPF

## DER GERADLINIGE LEBEMENSCH

Hans Topf ist ein naturverbundener Mensch und ein begeisterter Jäger. Und weil zu seinen Leidenschaften alles gehört, was mit Genuss zu tun hat, so hat ihn das Jagen motiviert, seine erlegten Tiere auch selbst zu verarbeiten und daraus feine Wild-Spezialitäten zu bereiten. Natürlich nur „von gesundem, exquisitem Fleisch, das ist oberstes Jagdgebot", sagt er. Hansis Wild-Pastete zum Beispiel, eine sündig-deftige Köstlichkeit aus Hase, Schwein & Wein, die am Gaumen zergeht.

### *Eine eigene „Selch" hat er sich gebaut, weil er wahnsinnig gerne kocht, „aber nach Gefühl": er vermeidet gekonnt jede Waage und auch jedes Kochbuch.*

Hans geht auch selbst einkaufen, besonders gerne am Naschmarkt in Wien, sucht aus der unglaublichen Vielfalt seine Zutaten, und dann entsteht die Speise im Kopf. Er ist seit 1982 im elterlichen Betrieb in Strass tätig, Johann Topf III., in einem Traditionsbetrieb, der seit 1649 in Familienbesitz ist.

Als der junge Winzer 1990 als einziger Sohn das Weingut der Eltern selbst übernehmen sollte, hielt sich seine Begeisterung jedoch in Grenzen. Hatte Hans doch schon einen Job in Südafrika in der Tasche, ein attraktives Angebot von niemandem Geringeren als der Weinkellerei Stellenbosch.

Er ist hineingewachsen in den Betrieb, sagt er, hat ausgebaut und kontinuierlich erweitert, 1999 wurde der Betrieb weiter vergrößert – mit den besten Lagen und dem alten 500-jährigen Gutshof-Keller in Strass. In diesem historischen Kellergewölbe, in dem bereits urkundlich erwähnt seit 1637 Weine gekeltert wurden, reifen heute die preisgekrönten Weine des Weingutes Topf.

### *„Alles, was man mit Leidenschaft macht, zieht den Erfolg an", sagt Hans*

Bis heute halten die Generationen alte Weinbautraditionen aufrecht, auch die Söhne leben schon mit. Der älteste Johann IV. hat sich der Kulinarik verschrieben und will Koch werden, und Maximilian, der Mittlere, ist jetzt schon begeisterter Winzer, kann sich während der Weinlese kaum in der Schule konzentrieren, weil seine Gedanken im Weinkeller sind, und sein erstes Wort war: Traktor. So ist die Nachfolge in jedem Fall gesichert.

### *Genuss sind für Hans Topf „alle Dinge, die mich erfreuen".*

Ob das eine schöne Pulverschnee-Abfahrt ist, stundenlang am Hochstand zu sitzen und das Wild zu beobachten oder ein Fußballspiel mit seinen 4 Buben – er tut's mit ganzem Herzen.

Das Allerliebste ist ihm aber, am Abend mit der Familie und Freunden bei einer guten Flasche Wein zu sitzen und sein Wild zu genießen. Zum Beispiel das Kamptaler Rehragout, nach einem alten, selbst veredelten Rezept, davon schwärmt die ganze Familie …

„Arbeite, um zu leben,
aber lebe nicht, um zu arbeiten."

## WEINGUT JOHANN TOPF

Placherkellergasse 420
A-3491 Strass
Tel. +43 (0)2735 2491
E-Mail: office@weingut-topf.at
www.weingut-topf.at

## SAUVIGNON BLANC RIED HASEL 06

15 % Vol. Alc.

Im Barrique vergoren. Einer der schönsten und wertvollsten Weine unseres Weinguts. Eine Konzentration aus Frucht von reifen schwarzen Johannisbeeren mit einem Hauch von Vanille, dicht und mächtig mit enormer Extraktsüße, füllig und ausgewogen mit einer perfekten Harmonie von Holz und Wein. Ein großer Sauvignon nach internationaler Stilistik, ein Erlebnis. Reife Stachelbeertöne, sehr intensive satte Frucht, perfekt eingebundenes Holz, weiche zarte Tannine, voll, extraktsüß, elegant.

**Für 4 Personen:**

*800 g Rehfleisch (aus der Keule)*
*100 g Dörrzwetschken*
*30 g Rosinen*
*1 TL frischer Thymian*
*1 große Zwiebel*
*5 EL Olivenöl*
*2 EL Butter*
*Salz, Pfeffer aus der Mühle*
*1/2 TL Honig*
*Schale von 1 Zitrone*

**Marinade:**

*500 ml kräftiger Rotwein*
*125 ml milder Rotweinessig*
*1 Zwiebel*
*1 Selleriestange*
*2 Karotten*
*1 Lorbeerblatt*
*Pfefferkörner, Gewürznelken*
*1 TL Zucker*
*Salz*

**Selleriepüree:**

*300 g Knollensellerie*
*1 Zwiebel*
*etwas weißer Portwein*
*500 ml Schlagobers, etwas Milch*
*Salz, Muskatnuss*
*etwas Butter*

# KAMPTALER REHRAGOUT MIT SELLERIEPÜREE

1. Für die Marinade den Rotwein mit Essig in einem Topf aufkochen. Zwiebel, Karotten und Staudensellerie putzen, grob zerteilen, mit den Gewürzen in den Topf geben. 5 Minuten zugedeckt köcheln, dann abkühlen lassen.
2. Rehfleisch in 3–4 cm große Würfel schneiden und in eine Schüssel geben. Mit kalter Marinade übergießen, zugedeckt über Nacht im Kühlschrank ziehen lassen. Fleisch aus der Marinade nehmen und mit Küchenpapier abtrocknen. Marinade durch ein feines Sieb gießen und beiseite stellen.
3. In einem Schmortopf Olivenöl erhitzen und Fleisch portionsweise hineingeben. Bei mittlerer Hitze rundum anbraten, mit Salz und Pfeffer würzen. Die Hälfte der Marinade angießen und das Fleisch im zugedeckten Topf 1 1/2 Stunden dünsten lassen.
4. Dörrzwetschken und Rosinen in der restlichen Marinade einweichen, abtropfen lassen und die Marinade auffangen.
5. Zwetschken in Streifen schneiden, Zwiebel und Thymian fein hacken. In einer Pfanne Butter zerlassen, die Zwiebeln glasig dünsten und Zwetschken, Rosinen, Thymian und Honig unterrühren. Mit frisch gemahlenem Pfeffer würzen. Marinade angießen und einige Minuten kräftig köcheln lassen. Früchtemischung zum Wild geben, weitere 10 Minuten schmoren. Sobald das Fleisch weich und mürbe ist, Sauce mit Salz und Pfeffer abschmecken.
6. Für das Püree den geschälten und gewürfelten Sellerie und die fein gewürfelte Zwiebel in Butter anschwitzen, einen Schuss Portwein dazugeben, mit Schlagobers und Milch aufgießen und weich dünsten. Den gekochten Sellerie aus der Pfanne nehmen und pürieren, je nach Konsistenz etwas vom mitgekochten Schlagobers dazugeben. Mit Salz, Muskatnuss und brauner Butter abschmecken. Das Selleriepüree zum Rehragout servieren.

# KREMSTAL

## Jahrhundertealte Weinkultur und moderne Weine

***Könnten Weingärten reden, stünden im Kremstal spannende Diskussionen auf dem Programm.***

Schließlich verteilt sich die 2.250 Hektar große Rebfläche auf unterschiedliche Zonen: die Stadt Krems, die östlicher gelegenen Gebiete und die kleinen Weinorte südlich der Donau. Verbindende Elemente sind Grüner Veltliner und Riesling als Repräsentanten für das Gebiet – seit dem Jahrgang 2007 unter der Bezeichnung „Kremstal dac" – und die Botschaft Kunst und Kultur.

Auf der linken Donauseite beginnen die Kremser Lagen, an die Wachau anschließend, mit dem Pfaffenberg. Diese Riede in Stein wird bereits 1220 mit der deutschen Bezeichnung genannt, als Mons clericorum bezeichnet ist die urkundliche Erwähnung noch älter. Es handelte sich dabei um sehr alten Passauer Besitz (geistlichen versteht sich). Als Flurnamen umschließt der Kremser Pfaffenberg (185 Hektar) alle Weingärten von Stein und erstreckt sich der Donau entlang östlich von Loiben bis zum Kremstal. Die malerische Altstadt von Stein ist sehr schön restauriert und lädt zum Rundgang ein. Hier hatte einst der bekannte Barockmaler Martin Johann Schmidt (gen. Kremser Schmidt) seine Werkstatt, und auch Ludwig von Köchel wurde in Stein geboren, dem das Mozart-Werkverzeichnis zu verdanken ist. Die Rieden sind größtenteils auf Urgestein mit stellenweiser Lössauflage in steilem Terrassenbau angelegt und zur Donau hin ausgerichtet. Auf den mineralischen Spitzenlagen wächst der Riesling, der überwiegende Teil ist jedoch mit Grünem Veltliner besetzt.

***In der alten (Wein-)Kulturstadt Krems ist der Weinbezug überall spürbar.***

Sie wird ihrer Stellung als Imageträger der österreichischen Weinkultur seit langer Zeit gerecht: historisch gesehen mit alten Lesehöfen und Zeugnissen der großen Weinbautradition, aus heutiger Sicht mit jungen, erfolgreichen Winzern und einer innovativen Genossenschaft, einer modernen Weinbauschule. Geologisch verwandt mit der westlich angrenzenden Wachau, herrschen im Stadtgebiet und der engeren Umgebung Urgesteinsverwitterungsböden vor, stellvertretend genannt seien die bekannten Lagen Pfaffenberg oder Steiner Hund mit einem eleganten, mineralischen Weintyp. Sehr eigenständige Weine kommen auch aus Senftenberg und den umliegenden kleinen Weinorten, die sich entlang des namengebenden Flüsschens Krems erstrecken. Ganz anders gelagert sind die Rebflächen im Osten der Stadt als Herkunft von runderen, fülligeren Weinen. Die gewaltigen Lössterrassen in den Weinorten Rohrendorf und Gedersdorf verleihen der Landschaft einen ganz besonderen Reiz. Südlich der Donau liegen Furth-Palt, Krustetten, Hollenburg, Oberfucha und Tiefenfucha, überragt vom weithin sichtbaren Stift Göttweig mit dem 1072 gegründeten Benediktinerkloster. In diesem Teil des Weinbaugebietes tragen viele kleine Heurigenbetriebe dazu bei, den urtümlichen und bodenständigen Charakter zu bewahren.

*Ähnlich wie in den benachbarten Weinbaugebieten Wachau und Kamptal kommt auch im Kremstal das klimatische Spannungsfeld stark zur Geltung:*

Kühle, feuchte Einflüsse aus dem nahen Waldviertel treffen auf warme, trockene aus der pannonischen Tiefebene im Osten. Das tief eingeschnittene Donautal ist dabei durch die temperaturregelnde Wirkung der großen Wasserfläche besonders begünstigt. Saftige, finessenreiche Weißweine, vor allem Grüner Veltliner und Riesling, in kleinerem Ausmaß aber auch dichte, ausdrucksstarke Rotweine prägen das Gebiet, dessen Winzerinnen und Winzer sich durch großes Lagenbewusstsein auszeichnen – als Möglichkeit, die Vielfalt im Kleinen zu verwirklichen.

# KREMSTAL

# SEPP MANTLER
## DER VERWURZELTE

*Hineingeboren, geerdet und verwurzelt - das ist Sepp Mantler vom Mantlerhof in Gedersdorf.*

Verwurzelt in der 200-jährigen Tradition des Gutes, das seinen Sitz im historischen Lesehof des Stiftes Admont hat und neben dem Weingut auch eine große biologisch bewirtschaftete Landwirtschaft umfasst. Seit 1365 erstmals urkundlich erwähnt, wird der Hof seit 200 Jahren in der Familie Mantler vom Vater an den Sohn weitergegeben, von Josef zu Josef, mit all dem Wissen und der Tradition der Jahrhunderte.

Sepp Mantler ist ein Purist – er liebt den unverschnörkelten Eindruck eines Produktes, die Klarheit und die Geradlinigkeit. Schon in der Kindheit wurde immer einfach gekocht, extrem bodenständig, ausschließlich Selbsterzeugtes, vom Schwein über die Grammeln bis zum Gemüse und Obst – alles kam aus der eigenen Ernte.

So einfach aber die Speisen auch waren, die Qualität des sinnlichen Eindruckes war immer ein Gesprächsthema: Wenn zum Beispiel ein Erdäpfelsterz nicht aus ganz frischen Erdäpfeln war, dann wurde darüber diskutiert.

*Das ist ihm geblieben:
ein in der Seele Verwurzelter, ein Purist,
der alles unverschnörkelt genießen will.*

Sein Spargel soll durch keine Zutaten im Aroma gestört werden, schon der Schinken ist eine Sünde gegen den Spargel, und wenn seine Frau im Jänner gerne mal Erdbeeren kaufen möchte, dann reagiert er gelinde gesagt „unwirsch". Er ist ein „Nasen- und Gaumen-Erotiker" sagt seine Frau, und die muss es ja wissen.

*Durch den Kontakt zur Spitzengastronomie - schließlich dürfen seine Topweine auf keiner guten Weinkarte fehlen - ist er eingetaucht in eine schöne neue „Genusswelt", wie er sagt.*

Eine Genusswelt, die durchaus manchmal auch seltsame Erlebnisse bereithält. Als er einmal vor Jahren mit Winzerkollegen in Frankreich ein sehr berühmtes bodenständiges Fisch-Restaurant besuchte, da wurden, wie dort üblich, die Vorspeisen auf einer großen Platte serviert und in die Mitte des Tisches gestellt. Das Gespräch lief locker und die Vorspeisen, traditionelle Fischgerichte wie Muscheln, Schnecken & Co, wurden ein wenig warm. Noch wärmer wurde den Winzern, als sie bemerkten, dass sich ein Teil der Vorspeisen zu bewegen begann, und alsbald über den Plattenrand die Flucht ergriff. Seither isst Sepp Mantler Schnecken & Co mit mäßiger Begeisterung.

*Das Rezept, nach dem er sich ein halbes Leben schon verzehrt, „nach dem ich lechze", wie er verträumt gesteht, das ist der Kaiserschmarren seiner Mutter.*

Trotz etlicher gescheiterter Selbstversuche und kulinarischer Unterstützung seiner Frau ist er noch immer auf der Suche nach diesem ultimativen Geschmackserlebnis seiner Kindheit.

„Ich möchte die Dinge pur und unverfälscht erleben.“

Ein knuspriger Kaiserschmarren war das, und dazu gibt es nur eine mögliche Begleitung: die selbst eingelegten Marillen. Da steigt der Marillenduft so konzentriert in die Nase, jede Marille muss geschält sein und von vollendeter Form. Sepp, dem Puristen, kommt kein gekauftes Marillenkompott auf den Tisch, denn „das ist ein kulinarischer Abstieg in den Hades …“

*Und dazu getrunken wird sein „Erstgeborener“: die Riesling TBA 06, die erste Riesling-TBA seines Lebens …*

MANTLERHOF
SEPP & MARGIT MANTLER

Brunn im Felde, Hauptstraße 50
A-3494 Gedersdorf
Tel. +43 (0)2735 8248
E-Mail: mantlerhof@aon.at
www.members.aon.at/mantlerhof

## RIESLING TBA 06

11 % Vol. Alc.
Sattes Gelb mit Goldschimmer; zarte Nase, dann eine unerwartete Fruchtexplosion am Gaumen, getrocknete Marillen, hochtönige Aromatik, enormes Säurebündel, straffer Körper, lebhaft, nachhaltige Länge.

# KAISERSCHMARREN
# VOM MANTLERHOF

**Für 4 Personen:**

*8 Eier*
*60 g Zucker*
*350 ml Milch*
*250 g Mehl*
*Salz*
*60 g Rosinen*
*150 g Butterschmalz*
*30 g Zucker zum Bestreuen*

1. Eier trennen, Eiklar zu Schnee schlagen. Dotter, Zucker, Milch, Mehl, Rosinen, Salz und Eischnee zu einem flüssigen Teig verrühren. In eine Pfanne mit heißem Butterschmalz gießen, auf beiden Seiten braun rösten und anschließend mit einer Gabel in kleine Stücke reißen.
2. Den Schmarren noch kurz weiter rösten und mit Zucker bestreut servieren.

# BERTHOLD SALOMON

## PENDLER ZWISCHEN DEN WELTEN

***Er lebt in zwei Welten und zwei Kulturen, die unterschiedlicher nicht sein könnten.***

Aber gerade das fasziniert Berthold Salomon. „Dieses Leben in zwei Welten und Kulturen lässt mich vermutlich über manchen „kleinen Ärger", der uns allen zeitweise kaum erspart bleibt, schnell hinwegsehen.

„No worries" sagt man „down under".

Bert Salomon wurde in eine wahre Wachauer Weindynastie hineingeboren, bereits seit 1792 produziert die Familie Salomon Weißweine aus den besten Steiner und Kremser Urgesteinsterrassen. Bereits sein Vater Fritz Salomon hatte 1927 als einer der Ersten in Österreich damit begonnen, Weine in Flaschen zu füllen. Salomon Undhof-Weine wurden bereits damals kompromisslos trocken ausgebaut und bereits 1935 in die USA exportiert.

***Als jüngster Sohn war Bert allerdings nie für eine Weingutübernahme vorgesehen.***

So studierte er nach dem frühen Tod seines Vaters Wirtschaft, um danach Steuerberater zu werden. Bei einem Sommerjob in New York beim elterlichen Weinimporteur kam der Student damals erstmals mit internationalen Weinen in Berührung. Aus dem Sommerjob wurden eineinhalb Jahre, die er nicht nur im Weinhandel, sondern auch bei einem Abendstudium an der New York University zubrachte. Von da an wusste er, dass er beim Wein bleiben wollte.

So kehrte Bert nach Österreich zurück und lernte seine spätere Frau Gertrud kennen. Nach einigen Jahren als Verkaufsleiter der damaligen Winzergenossenschaft Wachau erfolgte eine gemeinsame Übersiedelung in die USA für die Firma Schlumberger. Sein nächster Schritt führte in den Vorstand von Schlumberger AG nach Wien, wo es ihm gelang, ein hochwertiges Weinimportsortiment aufzubauen. In dieser Zeit wurde auch seine Liebe zu Australien begründet, da er damals als Erster australische Weine nach Österreich importiert hat.

***In Finniss River in Südaustralien fand Berthold Salomon den geeigneten Flecken Erde, um seinen Traum zu verwirklichen.***

Und so wurde 1995 SALOMON ESTATE aus Leidenschaften geboren: Erstens aus der Liebe zur Landschaft Finniss River von Bert Salomon, zweitens aus der Freude an großen Rotweinen seiner Frau Gertrud und drittens der Passion beider, ihr Leben sehr abwechslungsreich zu gestalten. Und derat abwechslungsreich gestaltet sich auch ihre kulinarische Reise zwischen den Welten.

Nur einen Fixpunkt gibt es in der Salomon'schen Küche: das ist der Tafelspitz. Der wird sogar in Australien gekocht, quer über den Erdball, sozusagen als Reminiszenz an die alte Heimat. Obwohl es gar nicht Liebe auf den ersten Blick war, wie Bert Salomon schmunzelnd erzählt:

„Während meiner Mittelschulzeit – ich besuchte das Piaristengymnasium in Krems – kann ich mich noch sehr genau daran erinnern, an Montagen nach der Schule nicht gerne zum Mittagessen nach Hause zu kommen. Der Grund war, dass es bei uns am Montag immer gekochtes Rindfleisch gab – in Form von Tafelspitz oder Schulterscherzl. Der praktische Grund für diesen Kochplan meiner Mutter lag vermutlich in der Tatsache, dass es vor dem Hauptgang auch immer eine Suppe gab und der Rest der Montags-Rindfleischsuppe dann später in der Woche gute Verwendung fand. Diese Abneigung gegenüber „dem Klassiker" der österreichischen Küche wandelte sich jedoch sehr schnell mit meiner Studentenzeit in Wien. Das studentische Menü tendierte doch eher zur „schnellen Küche", der gute alte Tafelspitz vom Mittagstisch am Montag im Weingut Salomon Undhof begann mir plötzlich zu fehlen. Meine Mutter konnte es nicht glauben, als ich sie darum bat, mir die Zubereitung eines klassischen Tafelspitz beizubringen."

*Meine Liebe zum gekochten Tafelspitz ist seit dieser Zeit ungebrochen und er hat mich und meine Familie in die ganze Welt hin begleitet.*

„Fleischhauer in Texas oder in Australien besorgten meiner Frau nach langen Erklärungen auch das richtige Stück vom Rind."

„The best of 2 worlds."

## WEINGUT SALOMON UNDHOF

Undstraße 10
A-3500 Stein an der Donau
Tel. +43 (0)2732 83226
E-Mail: office@salomonwines.com
www.salomonwines.com

## WEINGUT SALOMON ESTATE; FINNISS RIVER CABERNET SAUVIGNON 06

13,5 % Vol. Alc.
Australische Dichte gepaart mit feinen Cassisnoten. Tiefdunkles Rot, kräftig im Duft. Am Gaumen konzentrierte feine Frucht, Johannisbeere und Blaubeere, Bitterschokolade. Gut strukturiert und samtig, mit feinem Tannin, lang und nuanciert im Abgang. Cabernet Sauvignon über 90%, kleiner Anteil Merlot. Holzfassausbau für 18 Monate ausschließlich in französischer Eiche.

# TAFELSPITZ

**Für 4 Personen:**

*2 kg Rindfleisch (Tafelspitz oder Schulterscherzel)*

*1/4 Knolle Sellerie*

*2 Karotten*

*1 Petersilienwurzel*

*1 Gelbe Rübe*

*1 große Zwiebel*

*1/2 Stange Lauch*

*Salz, Pfefferkörner*

*Lorbeerblatt*

*Schnittlauch*

1. In einem großen Topf etwas Butter erhitzen und die halbierte, geschälte Zwiebel langsam darin anbraten. Die Karotten schälen, halbieren und zugeben, das restliche Wurzelgemüse ebenfalls langsam und gründlich goldbraun mitrösten. (Dieses Anrösten ist besonders wichtig für den Geschmack!) Anschließend das Gemüse mit etwa 2 bis 2 1/2 Liter heißem Wasser aufgießen und zum Kochen bringen. Das Fleisch einlegen, Salz, Pfeffer und Lorbeer zugeben und zugedeckt erneut kurz aufkochen lassen. Die Hitze sofort wieder reduzieren, der Tafelspitz soll nur leicht köcheln, da die Suppe sonst sauer wird.
2. Für ca. 3 Stunden köcheln lassen, anschließend das Fleisch herausheben und die Suppe abseihen. Den Tafelspitz in ca. 1 1/2 cm dicke Scheiben gegen die Faserrichtung schneiden und das Fleisch wieder in die Suppe geben.
3. Den Tafelspitz mit geschnittenem Schnittlauch bestreut servieren.

# PETRA UNGER
## DIE MUTIGE

***Sie hat bei niemand Geringerem als Haubenkoch Alfons Schuhbeck in Waging kochen gelernt.***

Eigentlich wollte sie auch noch einen Patisserie-Kurs machen, weil sie schon als Kind so gerne Kuchen gebacken hat, doch der Wein kam ihr dazwischen.

Am Tor zur Wachau, in Furth bei Göttweig, liegt das Weingut von Petra Unger.

Die junge Mutter kann nicht nur auf ein Weinbaustudium verweisen, sondern hat in den Wanderjahren auch viel Erfahrungen gesammelt, unter anderem in Kalifornien. Sie ist die Bäuerin in der Familie und der Bruder der Künstler, sagt sie. Petra, die Mutige, die in den wenigen Jahren, seit sie 1999 nach dem Tod des Vaters allein das Weingut Stift Göttweig in Furth übernahm, bewiesen hat, was Liebe zur Natur und die Leidenschaft zum Weinmachen auf idealem Terroir hervorbringen können.

Als sie 2005 das Weingut Stift Göttweig an das Stift zurückgegeben hat und mit den alten Weingärten ihres Vater in Furth neu begonnen und das eigene Weingut aufgebaut hat, da haben sie manche für verrückt erklärt. Heute ist sie sehr erfolgreich und stolz auf ihr Herzstück: den ersten Weingarten ihres Vaters, „Hinters Kirchl“, wo der Vater schon 1964 seinen ersten Wein gemacht hat.

***Sie kommt aus einer feinsinnigen, kulinarischen Familie, einer richtigen Genuss-Familie.***

Das Weingut und die Familie Dr. Unger waren immer ein offenes Haus, mit vielen Gästen, da wurde das Essen zelebriert, 5-gängig gekocht, der Wein stand immer im Mittelpunkt und auch der Vater hat gerne gekocht.

Das liegt ihr im Blut.

***Schon als Kind war Petra ein Feinspitz und hat gerne gut gegessen, nicht so wie andere Kinder, sondern richtige Haubenküche.***

Zum Geburtstag hat sie sich vom Vater immer gewünscht, gut essen zu gehen, in die Karwanserei, damals eines der besten Fischlokale in Wien und berühmt für seinen Hummer.

Den ersten Kuchen hat Petra mit 12 Jahren gebacken, ganz allein und ohne Hilfe – den hat aber leider der Hund gefressen, während sie zur Mutter gelaufen ist, um die frohe Botschaft zu erzählen. Später hatten ihre Back- und Kochkünste dann mehr Erfolg. Heute lebt sie mit ihrer eigenen Familie diese Genuss-Tradition, sie kocht gerne und gut, auch einfache Speisen, aber immer müssen die Zutaten von feinster Qualität sein.

Sie kreiert auch eigene Gerichte – eines ihrer Lieblingsrezepte ist das „Osterei im Nest“. Eine Eigenkomposition als Hommage an den Frühling, wie sie sagt, mit frischen Waldviertler Erdäpfeln und Eiern vom glücklichen Bauernhuhn, da sind die Dotter viel internsiver im Geschmack und in der Farbe, sagt Petra.

***Und dann der frische Bärlauch, den sie selber pflückt, hinter dem Haus ihrer Mutter im Buchenwald, das ist schon das halbe Erlebnis, da graben sich die Gäste ein in ihrem Osternest.***

„In der Ruhe liegt die Kraft."

## WEINGUT PETRA UNGER

Zellergraben 245
A-3511 Furth/Göttweig
Tel. +43 (0)2732 85895
E-Mail: office@ungerwein.at
www.ungerwein.at

## GRÜNER VELTLINER OBERFELD 07

Kremstal DAC, 12 % Vol. Alc.
Leuchtendes, helles Strohgelb in der Farbe. In der Nase finden sich vielfältige Aromen, wie saftige, reife Birnen, rosa Grapefruits, frischer grüner Paprika sowie frisch gemahlener weißer Pfeffer. Die Aromatik setzt sich am Gaumen fort und wird von einem eleganten Körper getragen. Eine angenehme Säure leitet gemeinsam mit den Fruchtaromen in einen sehr veltliner-typischen Nachhall.

# OSTEREI IM NEST

**Für 4 Personen:**

*200 g junge, zarte Bärlauchblätter*

*einige Bärlauchblüten*

*70 g Vorarlberger Bergkäse*

*evtl. Walnüsse*

*Olivenöl*

*Salz, Pfeffer aus der Mühle*

*750 g mehlige Erdäpfel*

*3 EL Butter*

*250 ml Milch*

*5 frische Bauerneier*

1. Einige Bärlauchblätter und die Blüten zur Dekoration beiseite legen. Bärlauchblätter, Bergkäse, Olivernöl, Salz, Pfeffer und nach Belieben einige Walnüsse mit dem Mörser oder dem Handmixer zu einem Pesto mahlen, anschließend kühl stellen.
2. Die Erdäpfel mit der Schale unter Dampf je nach Größe 20–30 Minuten garen. In einem Topf Butter zerlassen, die Milch zugeben und erwärmen. Die Erdäpfel schälen, durch eine Kartoffelpresse in die warme Milch drücken und gut verrühren. Die Oberfläche glätten und mit Milch benetzen. Zugedeckt im Backrohr bei 60 °C warm stellen.
3. Die Eier je nach Größe 5 bis 5 1/2 Minuten kernweich kochen, kalt abschrecken und im fingerwarmen Wasser vorsichtig schälen, beiseite legen. Das Püree aus dem Ofen nehmen, salzen und mit 2 EL Pesto verrühren, damit es eine zartgrüne Farbe bekommt. Auf den Tellern je einen Löffel Püree anrichten, in der Mitte eine Mulde formen und einige Bärlauch-blätter darauf legen. Eier vorsichtig teilen und je ein Ei mittig auf die Bärlauchblätter platzieren.
4. Mit weiteren Bärlauchblättern und -blüten sowie Tupfern von Pesto dekorieren.

*Kellergassen wie im Bilderbuch, unendliche sanfte Weinberge, die offene Weite der Felder, die unzähligen Presshäuser im „Hintaus", gastfreundliche Menschen mit Gespür für das richtige Maß an Genuss, Kultur und Muße – das kann nur das Weinviertel sein.*

Das Weinviertel ist jedem österreichischen Weinfreund ein Begriff, doch auch international steigt der Bekanntheitsgrad des größten österreichischen Weinbaugebietes. Die Rebfläche von 16.650 Hektar ist ein wesentlicher Faktor, das Erfolgsrezept aber heißt Grüner Veltliner, namentlich in der gebietstypischen Ausprägung als Weinviertel DAC.

Rund 8.500 Hektar bedeuten nicht nur die Hälfte des gesamten Bestandes in Österreich, sondern auch knapp die Hälfte weltweit.

# WEINVIERTEL

## ... dort, wo das „Pfefferl" wächst

*Der Grüne Veltliner ist an einer äußerst typischen Geschmacksnote zu erkennen: dem so genannten „Pfefferl".*

Zur Assoziation an grünen, weißen und bei höherer Reife auch schwarzen Pfeffer kommen fruchtbetontes Bukett und frische Säure. Dieses charakteristische Trio wurde 2003 zur Definition für „Weinviertel DAC" – „Districtus Austriae Controllatus", die erste kontrollierte Herkunftsbezeichnung, und hat Vorbildwirkung für ganz Österreich.

Von der Donau im Süden bis zur tschechischen Grenze im Norden, vom Manhartsberg im Westen bis zur slowakischen Grenze im Osten erstreckt sich das Weinbaugebiet insgesamt – doch Weinviertel ist nicht gleich Weinviertel, und neben dem General Grüner Veltliner ist ein stattliches Regiment an Rebsorten anzutreffen. Auf Grund verschiedener Bedingungen – besonders, was die klimatischen Einflüsse und geologischen Bedingungen betrifft – lässt sich eine Dreiteilung des Weinbaugebietes vornehmen.

### *Westliches Weinviertel*

Im westlichen Rebenmeer sollte jeder Weinreisende zwei Inseln ansteuern, beginnend im Land um Retz mit seinen monumentalen Kelleranlagen unter der Altstadt, die an die historische Bedeutung des dortigen Weinhandels erinnern. Das trockene Kleinklima hat hier von jeher die Rotweinerzeugung begünstigt, so wie auch im „Mailberg Valley“, einer ausgedehnten Kessellage. Ein Ankerpunkt für Weißweinliebhaber ist eine weitere Insel, diesmal mit Urgesteinsformationen in der Umgebung von Röschitz, wo Grüne Veltliner und Rieslinge mit mineralischer Finesse und tiefer Würze aufwarten.

### *Nördliches Weinviertel*

Der nordöstliche Teil des Weinviertels mit der Weinhauptstadt Poysdorf steht im Zeichen des Schaumweins. Welschriesling und Grüner Veltliner, vorwiegend gewachsen auf Lössböden, liefern die idealen Grundweine für Österreichs bekannteste Sekte. So prickelnd die Erzeugnisse sein mögen, so sanft präsentiert sich die Landschaft – mit weichen Hügeln und weithin aus den Dörfern gezogenen Kellergassen. „Dörfer ohne Rauchfänge“ werden sie genannt, und die tief in den Löss gegrabenen Kellerröhren sind bis heute unübertroffen zur natürlichen Reifung des Weins. Die Nordgrenze des Weinviertels markieren die Kalkklippen von Staatz und Falkenstein, einem Fixpunkt für fruchtbetonte Weißweine.

### *Südliches Weinviertel*

Weiter im Südosten, an der Grenze zum Marchfeld rund um den zentralen Ort Mannersdorf, macht sich der pannonische Klimaeinfluss gehörig bemerkbar. Im Zusammenspiel mit der Flussnähe, zur March, herrschen beste Bedingungen für Rieslinge, Burgunder und sogar aromatische Rebsorten wie Traminer – bis hinauf in hohe Prädikatsstufen. Nach einem Zwischenstopp in Wolkersdorf, wo neben Veltliner auch Weißburgunder zur Reife gelangt, ist auf dem Weg zur Südgrenze des Weinviertels noch die Region an den Hängen des Bisamberges als Heimstätte pikanter Rieslinge hervorzuheben.

# WEINVIERTEL

# JOHANNES AUTRIETH
## DER GUTGELAUNTE

*„Die schönsten Zeiten sind die Mahlzeiten", wer das sagt, muss tatsächlich ein großer Genießer sein.*

Schon als Bub war Johannes Autrieth ein begeisterter Koch, hatte ein eigenes „Kinderkochbuch" und begann im zarten Alter von 7 Jahren in der Küche zu experimentieren.

*Das „Matrosenfleisch" aus dem Kinderkochbuch machte ihn zum Star jeder Familienfeier: „Schau, was der Bub alles kann", und bei den Tanten war der Jung-Koch ein gerne gesehener Gast.*

Vor einigen Jahren, 1998 hat Johannes das Weingut der Eltern übernommen, eine alteingesessene Familie, die bereits seit dem Jahr 1725 in Hadres Weinbau betreibt.

Die große Liebe des jungen Winzers gilt den Rotweinen, was Wunder, gilt doch die Gegend rund um Hadres im Pulkautal bei Weinkennern schon seit längerem als Rotweininsel inmitten des Veltlinerlandes. Das sonnenreiche Klima und die schweren, tiefgründigen Böden verleihen den Rotweinen Ausdruck und Vielschichtigkeit. Die Weine von Johannes Autrieth überzeugen Weinkenner und Kritiker gleichermaßen.

*Die Liebe zum Kochen ist bei Johannes ungebrochen.*

Der größte Genuss für ihn heißt, sich nach einem anstrengenden Tag in die Küche zu stellen und aus dem Bauch heraus ein Menü zu kreieren. Gerne geht er selber einkaufen, gustiert, im Kopf entsteht die Speise, und meistens kauft er viel zu viel. Und weil's alleine nur halb so gut schmeckt, ruft er dann die Freunde an und kocht gleich für 2 Tage.

*Mit der Zeit waren seine Koch-Abende und Genuss-Wochenenden so erfolgreich, dass er eine Veranstaltungsserie daraus gemacht hat.*

Hat junge Top-Köche eingeladen, gemeinsam mit dem Winzer zu kochen, und in Koch-Shows die Gäste verwöhnt.

Wenn Johannes verreist, so hat er immer eine Kühlbox mit seinen feinen Weinen und Riedel-Gläsern mit dabei, was ihm in befreundeten Weingegenden wie der Toskana schon viel Lob und jahrelange Freundschaften bei Köchen und Winzern eingebracht hat.

Sein Lieblingsrezept ist der gedünstete Ochsenschlepp mit hausgemachten Zweigelt-Nudeln. Bei einem kulinarischen Gelage entstand die Idee mit den Zweigeltnudeln.

*Die Nudeln hat er selbst kreiert, da schmeckt man den Zweigelt sanft heraus, der Ochsenschlepp gart auch im Zweigelt, und so schließt sich der Kreis bis ins Glas …*

„Die schönsten Zeiten sind die Mahlzeiten."

## WEINGUT AUTRIETH

A-2061 Hadres 24
Tel. +43 (0)2943 63960
E-Mail: info@weingut-autrieth.at
www.weingut-autrieth.at

## ZWEIGELT CLASSIC 2006

13 % Vol. Alc.

Mittleres Purpur, in der Nase explosive, aber feinziselierte Frucht, Weichsel pur, harmonische Säure, am Gaumen wieder ausgeprägter Fruchtkorb mit würzigen Akzenten, sehr fruchtig, würziger Abgang.

# GEDÜNSTETER OCHSENSCHLEPP

## MIT HAUSGEMACHTEN ZWEIGELTNUDELN

**Für 4 Personen:**

*2 kg Ochsenschlepp, in möglichst gleich großen Scheiben*

*3-4 Tomaten*

*100 g Zwiebeln*

*150 g Wurzelwerk*

*70 g Tomatenmark*

*250 ml Zweigelt Classic*

*1 l Suppe*

*1 Lorbeerblatt*

*1 Thymiansträußchen*

*Salz, Pfeffer*

*Pfefferkörner*

*1 TL Stärkemehl*

1. Ochsenschleppteile salzen, pfeffern und auf beiden Seiten in Öl sehr braun anbraten. Wurzelwerk grob würfelig schneiden. Ochsenschlepp aus der Pfanne nehmen und Wurzelwerk und Zwiebel darin weiterrösten. Tomaten und Tomatenmark beigeben und mitrösten. Mit 125 ml Rotwein ablöschen und nicht zugedeckt ein wenig einreduzieren. Mit Suppe aufgießen und Ochsenschlepp wieder in die Pfanne zurücklegen. Lorbeerblatt, Thymiansträußchen und Pfefferkörner beigeben, salzen und zugedeckt auf dem Herd oder im Rohr ca. 3 Stunden dünsten.
2. Das Fleisch aus der Pfanne heben, wenn es sich leicht vom Knochen löst 125 ml Rotwein und Stärkemehl verrühren und zügig unter die Sauce mengen, einige Minuten weiterkochen und dann durch ein feines Sieb passieren. Abschmecken und das Fleisch wieder einlegen.
3. Als Beilage schmecken breite Zweigeltbandnudeln, die man aus Hartweizengrieß, Eidotter, Mehl und einem Schuss Zweigelt selbst zubereiten kann.

# ROMAN PFAFFL

## DER ENTSCHLOSSENE VORDENKER

***„Wenn man intensiv Wein macht, muss man sich auch intensiv mit dem Essen beschäftigen“,***

sagt kein Geringerer als der Fixstern am Wein-Himmel des südlichen Weinviertels, Roman Pfaffl. „Für beides braucht man eine große Portion Gespür“. Und Roman Pfaffl hat Gespür.

Auf den Hügeln des Weinortes Stetten, unweit von Wien, entdeckte er seine Liebe für den Weinbau. Bei der gemischten Landwirtschaft, die er 1978 von seinen Eltern übernahm, war auch ein dreiviertel Hektar Weingärten dabei. Gerade genug um seinen Ehrgeiz zu wecken. Das Fieber hatte ihn gepackt und so wurden die Flächen stetig auf die heutigen rund 60 Hektar erweitert. Das größte Problem für den angehenden Winzer stellte die Suche nach den passenden Weingärten dar, um die „Wunsch-Weine“ auch herstellen zu können.

***Es zeigte sich, dass er die Jugendjahre nicht umsonst auf den Hügeln der Umgebung verbracht hatte.***

Die besten Lagen waren schnell gefunden, es bedurfte nur ein wenig Geduld, bis die begehrten Parzellen verkauft worden waren, und danach einer gesunden Portion Optimismus. Freilich sind diese Lagen in dem weiten Weinviertler Land nicht „gleich vor der Haustür“, und so kommt es, dass heute die Pfaffl'schen Weingärten über 10 verschiedene Gemeinden verstreut sind, dafür aber nur vom Besten. Nicht umsonst trägt Roman Pfaffl auch den Spitznamen „Mister Veltliner“.

So akribisch er seine Weingärten aussucht, so genau und zielstrebig plant er alles in seinem Leben.

Der leidenschaftliche Jäger geht gerne frühmorgens auf den Hochstand, um zu sehen, wie der Tag beginnt, wie das Leben erwacht. Da vergisst er seine Sorgen.

***20 Jahre lang hat die Familie einen eigenen Heurigen betrieben, da wurde selbst gekocht, bodenständige, saisonale Küche, so gut, dass sich die Hausmannskost schon fast zur Haubenküche entwickelte.***

Und dass schon Anfang der 80er Jahre die Weine glasweise aus der Bouteille ausgeschenkt wurden, auch die Top-Weine, das war eine kleine Sensation und machte den Heurigen zum gefragten Treffpunkt für feine Gaumen. Roman Pfaffls Lieblingsrezept, die geröstete Hühnerleber, stammt aus dieser Zeit.

Und weil's ihm in der Küche keiner recht machen konnte, hat er sich selbst an den Herd gestellt, und seine Hühnerleber wurde berühmt im Heurigen, so saftig und g'schmackig, da konnte ihm keiner das Wasser reichen.

***Der heimliche Chefkoch zu Hause ist heute aber der Opa, der jetzt viel Zeit hat und seine Liebe zum Kochen endlich ausleben kann.***

„Beim Opa dreht sich alles ums Essen. Täglich ruft er an, um zu fragen, was er kochen soll, geht einkaufen und macht alle Küchenarbeiten selbst.“ Alles kann der Opa, aber die Hühnerleber – da liegen schon Welten dazwischen …

„Mit allen Sinnen genießen."

## WEINGUT R&A PFAFFL

Schulgasse 21
A-2100 Stetten im Weinviertel
Tel. +43 (0)2262 673423
E-Mail: wein@pfaffl.at
www.pfaffl.at

## GRÜNER VELTLINER HUNDSLEITEN 07

13 % Vol. Alc., trocken

Hier sind schon im Bukett unglaublich viele Nuancen, ein deutliches Pfefferl wird umrahmt von Orange, Ananas, zarten Zitrustönen, etwas Mineralität; dies alles wiederholt sich noch viel deutlicher am Gaumen, sehr dicht und tief strukturiert, immer wieder findet man etwas Neues, ewig langer, mineralischer Abgang. Perfekt zur Wiener Küche, aber auch wunderschön zu Exotischem!

# GERÖSTETE HÜHNERLEBER

**Für 4 Personen:**

*500 g Hühnerleber*

*1 Zwiebel*

*Rindsuppe zum Aufgießen*

*Salz, Pfeffer*

*Majoran*

*Mehl*

*Butter*

1. Die Zwiebel schneiden und glasig anrösten, die Hühnerleber zugeben und kurz zart rosa mitrösten. Mit Rindsuppe aufgießen und mit Salz, Pfeffer und Majoran würzen. Aus Butter und Mehl eine kleine Einbrenn zubereiten und die Sauce damit binden.
2. Dazu passt ein grüner Salat und Petersilienerdäpfel.

HUNDSLEITEN

# WIEN

## Es muss ein Stück vom Himmel sein – Wien und der Wein

*Weinbau in der Großstadt? Wien ist nicht nur eine pulsierende, moderne Großstadt im Herzen Europas, sondern auch eine eigene Weinbauregion.*

Rund 700 Hektar Weingärten befinden sich innerhalb der Stadtgrenzen – das ist weltweit einzigartig! Wien ist in erster Linie ein Weißweingebiet, wobei besonders die Sorten Riesling und Weißburgunder ausgesprochen fruchtige und elegante Weine bringen.

Die Vielfalt reicht vom typischen Gemischten Satz über elegante Rieslinge und kraftvolle Weißburgunder bis zu hochwertigen Rotweinen.

Noch im späten Mittelalter standen Reben auch innerhalb der Stadtmauern von Wien, bis in den heutigen ersten Bezirk, heute liegt der Schwerpunkt des Weinbaus in den Vororten am Stadtrand: Die Lagen am Bisamberg nördlich der Donau – bewirtschaftet von Winzern aus Strebersdorf, Stammersdorf und Jedlersdorf – sind günstig für die Burgunderfamilie.

Im 17., 18. und vor allem 19. Gemeindebezirk mit den Ortsteilen Heiligenstadt, Nussdorf, Grinzing, Sievering und Neustift am Walde sind Riesling, Chardonnay und Weißburgunder auf den meist sehr kalkreichen Böden bevorzugt. Im Süden Wiens mit Mauer, Rodaun und Oberlaa sind Schwarzerdeböden zu finden, gut für kraftvolle Weißweine und opulente Rotwein-Cuvées.

*Kaum ein Winzer verzichtet aber auf den traditionellen Gemischten Satz, bei dem im Weingarten verschiedene Rebsorten gemeinsam ausgepflanzt sind, die auch gemeinsam geerntet und zu Wein verarbeitet werden.*

Früher als Risikominderung bei ungleichmäßigen Erntebedingungen vorgesehen, erfreut sich dieser Weintyp heute wieder großer Beliebtheit. Ebenso wiederentdeckt wurde die Toplage Nussberg, die junge, ideenreiche Winzer aus allen Teilen der Weinstadt – auch Quereinsteiger – beinahe magisch anzieht.

*Auch die Anziehungskraft der Wiener Institution des Heurigen ist legendär.*

Ob durchgehend geöffnetes Lokal mit üppigem, kaltem und warmem Büfett oder kleine, versteckte Buschenschank in den Kellergassen mitten in den Weingärten, der nur wenige Wochen im Jahr geöffnet hat – ein wahrer Besuchermagnet sind sie alle, für Einheimische genauso wie für die zahlreichen Touristen. Und auch anspruchsvolle Weinfreunde kommen beim wachsenden Angebot an Topweinen, die auch glasweise ausgeschenkt werden, auf ihre Rechnung. Dass die moderne Kellerarchitektur und das technologische Equipment sich gut mit der Tradition alteingesessener Familienbetriebe verknüpfen lassen, ist ebenfalls ein sympathischer Zug der Entwicklung des Wiener Weinbaus

Wurde Wiener Wein früher allgemein mit dem Heurigen – sowohl als junger Wein wie auch als Buschenschank – identifiziert, ist er im Laufe der letzten Jahre zu einer internationalen Rarität und Spezialität avanciert. Der Grund: die erfolgreiche Entwicklung vom Massenwein zum Qualitätswein.

*Die mittlerweile zweite Generation von „Jungen Wilden“ unter den Wiener Winzern hat internationale Erfahrung gesammelt und weltweit Erfolg.*

WIEN

# RAINER CHRIST
## DER EXPERIMENTIERFREUDIGE

***Der richtige Zeitpunkt – das ist ihm ganz wichtig, bei der Lese, der Vinifizierung, allen Entscheidungen.***

Der sensible Umgang mit der Natur ist für Rainer Christ, den Shooting-Star aus Jedlersdorf ein Lebensziel. Der Keller ist sein zweites Wohnzimmer und während der Lese wohnt er quasi dort. Er will den Wein fühlen, schmecken, sehen und horchen. „Die Hefe muss es kuschelig haben, um sich wohl zu fühlen, um gute Arbeit zu leisten“, sagt er, „mit Stress wird es auch ein stressiges Produkt.“

Rund 400-jährige Familientradition – schon im 15. Jahrhundert stammte der Bürgermeister Martin Christ aus der Familie –, naturverbundene Weinbauphilosophie und innovativer „Esprit“ sind die Eckpfeiler im Weingut Christ. Mit viel Enthusiasmus und Engagement werden ausschließlich Lagen am Bisamberg bearbeitet.

Als er 2004 den elterlichen Betrieb übernahm, modernisierte Rainer Christ das Heurigenlokal seiner Familie auf sanfte Art. Der altehrwürdige Erbheurige in Jedlersdorf blieb bestehen und wurde mit einer modernen Konstruktion aus Holz, Naturstein und Sichtbeton erweitert. Ein Designer-Projekt, wie man es bestenfalls aus der Südsteiermark kannte, und im ersten halben Jahr kamen über 2.000 Besucher aus den USA, Japan oder Norwegen, um sich ein Bild von Architektur und moderner Bewirtschaftung zu machen.

***Die Philosophie des Rainer Christ ist eine Herausforderung an die Architektur. Um dem Wein seine Freiheit zu lassen, regiert im Keller die Gravitation. Ein Christ pumpt nichts.***

Das gesamte Traubenmaterial und der Most werden mit Hilfe von Schwerkraft „transportiert“. Ein Mix aus traditionellen und modernen Ausbaumethoden macht den großen Erfolg dieses jungen, innovativen Winzers aus.

Wenn man im Heurigen aufwächst, sagt Rainer Christ, ist man nicht heikel, und er liebt die „Restl-Essen“ seiner Kindheit, wenn die Mutter am Ende des Tages noch unglaubliche Köstlichkeiten gezaubert hat.

***Er selbst ist ein ambitionierter Koch und kocht sehr gerne für Freunde, mehrgängig und mit Bedacht.***

Da wird geplant, werden Einkaufslisten geschrieben, die richtigen Zutaten ausgewählt und verkostet. Kochen ist für ihn eine schöne Freizeitbeschäftigung, entspannend, und was er kocht, ist auch immer sehr geschmacksintensiv. „Es soll schon richtiges Essen sein“, sagt Rainer, und ein Schluck Wein gehört in jedes Gericht, denn „der Wein trägt das Gericht, bringt Frische und Konzentration in die Speise“.

*Essen ist für den jungen Winzer auch Kommunikation, schließlich kommt er aus einer Großfamilie, wo selten weniger als 10 Personen an einem Tisch sitzen.*

Auch mit den Freunden, den Top-Winzern von Wien-Wein, die seit zwei Jahren Erfolgs-Geschichte schreiben, sitzt er gerne zusammen, da wird diskutiert, da rennt der Schmäh und natürlich dürfen gutes Essen und ein ausgesuchtes Glas Wein nicht fehlen. Manchmal bekocht er die anderen mit selbst komponierten Menüs, wie dem Hühnerfilet an Eierschwammerln.

Und dann kann's schon ziemlich spät werden …

„Kann nicht, will nicht, geht nicht – gibt's nicht!"

WEINGUT CHRIST

Amtsstraße 10–14
A-1210 Wien – Jedlersdorf
Tel. +43 (0)1 292 51 52
E-Mail: info@weingut-christ.at
www.weingut-christ.at

# WEISSBURGUNDER VOLLMONDWEIN 2007

13 % Vol. Alc.

Prächtiger Weißburgunder Wein in einer Vollmondnacht gelesen und gekeltert! Enorme Fruchttiefe mit exotischem Einschlag. Sehr feiner typischer Weissburgunder-Duft nach Birnen und etwas Haselnuss, am Gaumen Restsüße, aber saftige Frucht, vollmundig, cremig mit animierendem Spiel. Man muss diesen einmaligen Wein kosten, um all seine Fruchtnuancen zu realisieren.

# HÜHNERFILET

## AN EIERSCHWAMMERLN À LA CRÈME MIT GEMÜSE-SERVIETTEN-KNÖDEL

**Für 4 Personen:**

*4 Stk. Hühnerfilet*
*1 Zwiebel*
*125 ml Schlagobers*
*800 g Eierschwammerln*
*60 g Butter*
*125 ml Sauerrahm*
*1 TL Mehl*
*2 EL Petersilie*
*Saft von 1/2 Zitrone*
*Salz, weißer Pfeffer*
*etwas Suppe*

**Gemüse-Servietten-Knödel:**

*250 g Semmelwürfel*
*2 Eier*
*300 ml Milch*
*70 g Butter*
*1 Karotte*
*1 Gelbe Rübe*
*60 g Zwiebeln*
*Salz*
*gehackte Petersilie*
*evtl. Erbsen*

1. Die Schwammerln putzen, die größeren etwas kleiner schneiden. Die Zwiebel fein schneiden und in Butter kurz anschwitzen, Schwammerln zugeben und dünsten lassen, bis die entstandene Flüssigkeit reduziert ist. Mit Suppe aufgießen, Zitronensaft und Petersilie dazugeben, mit Schlagobers verfeinern und mit Salz und Pfeffer abschmecken. Mehl mit Sauerrahm verrühren und die Sauce damit binden.

2. Die Hühnerfilets waschen, trocken tupfen, salzen und pfeffern. In Butter oder Öl von beiden Seiten scharf anbraten und in der fertigen Eierschwammerlsauce gar ziehen lassen.

3. Für die Serviettenknödel Milch, Butter, Eier und Salz versprudeln und über die Semmelwürfel gießen. Karotte und Gelbe Rübe kleinwürfelig schneiden, Zwiebel fein hacken, zusammen mit Petersilie in Butter anschwitzen, unter die Semmelwürfeln mischen und die Masse 1 Stunde rasten lassen. Nach Wunsch Erbsen kurz blanchieren und ebenfalls untermengen. Aus der Masse Rollen formen und straff in Klarsichtfolie einwickeln, die Enden dabei sehr gut zusammendrehen. (Man kann die fertigen Rollen zusätzlich noch in Alufolie einwickeln.) Die Rollen ins kochende Wasser legen und 20–25 Minuten ziehen lassen, das Wasser sollte dabei nicht mehr kochen. Nach Ende der Garzeit die Rollen öffnen und in ca. 1 cm dicke Scheiben schneiden.

4. Die Serviettenknödel mit den Hühnerfilets und den Eierschwammerln in tiefen Tellern anrichten.

# MICHAEL EDLMOSER
## DER MIT DEM WIENER SCHMÄH

*Er musste erst bis Kalifornien reisen, um zu wissen, dass er Wein machen will.*

Während des Praktikums bei Paul Draper von Ridge Vineyards in Kalifornien, einem Virtuosen in der Vinifizierung von Rotweinen, „da hat mich das Virus gepackt", sagt Michael Edlmoser, der junge Erfolgswinzer aus Mauer. Die klassische Ausbildung auf der Weinbauschule in Klosterneuburg und die Erfahrungen bei den besten Lehrmeistern der Welt sind die Basis seines Erfolges.

Sein „Ziehvater" Emmerich Knoll in der Wachau hat den angehenden Winzer nachhaltig geprägt: Jeden Abend zum Essen wurde eine Flasche Wein geöffnet und dann diskutiert, woher kommt der, was kann er, welcher Wein ist das. „So habe ich den spielerischen Zugang zum Verkosten gelernt", ist Michael dem Wachauer Altmeister noch heute dankbar.

Er ist ein klassischer „Heurigen-Bua", mit dem Wein im Heurigen in Mauer aufgewachsen, hat sich seine ersten Schillinge beim Kellnerieren im Heurigen vom Großvater verdient.

*Er hat überall mitgeholfen und als „Häferlgucker" schon als Kind das Kochen vom Zuschauen gelernt.*

Schon seit dem 12. Jahrhundert betreibt die Familie Edlmoser Weinbau in Mauer und verfügt über einige der besten Lagen im Süden von Wien. Das Familienwappen stammt noch aus dem Jahr 1374. Tradition mit der Moderne zu verbinden, das liegt Michael im Blut. Seit seinem Einstieg 1998 betreibt er das Weingut und den Heurigen gemeinsam mit dem Vater und legt großen Wert auf die unverfälschte, klassische Wiener Küche.

„Die Küche trägt unsere Handschrift", sagt er, und nie würde ihm ein liebloser Dosensalat auf den Tisch kommen, „weil unsere Weine sind ja auch hochklassig, da sollen die Speisen die Qualität mittragen."

*Er hält nichts von Fusion-Küche beim Heurigen, Gulasch mit Shrimps, das muss nicht sein, denn in seinen Augen „hat das einen Sinn, dass im Gulasch kein Fisch schwimmt".*

Er ist ein Purist, genießt das Essen bewusst, er will die einzelnen Zutaten spüren, und am schönsten ist, wenn sich die Komponenten sanft ergänzen. „Ein Lamm soll nicht nach Rosmarin schmecken, sondern nach Lamm, da könnte ich ja gleich Rosmarin-Erdäpfel essen."

Auch beim Wein ist seine Linie eine sehr puristische. „Der Wein bleibt so, wie er ist, nichts wird geschönt." Auch Barrique wird viel sparsamer eingesetzt, es wäre ja schade, wenn „unsere wunderschöne Frucht, die wir in Wien erzielen, durch Holz überdeckt würde."

Zahlreiche internationale Auszeichnungen bestätigen seinen Weg.

Gemeinsam mit den Top-Winzer-Kollegen Fritz Wieninger, Richard Zahel und Rainer Christ kämpft Michael Edlmoser seit mehr als 2 Jahren für die Marke „Wien-Wein", als Teil der Wiener Weinkultur, mit sichtbarem Erfolg.

Er ist ein „Macher", ein Umtriebiger, und mit der Erfindung der Austrian Wine Challenge „AWC", die er 2004 zum ersten Mal veranstaltete, hat er sein Durchsetzungsvermögen nachhaltig bewiesen. Mittlerweile ist die AWC eine der größten Weinverkostungen der Welt.

## „Es gibt immer etwas zu tun …“

Dass trotzdem noch Zeit für Genuss bleibt, ist ihm persönlich wichtig. Den Augenblick genießen, sich bewusst Zeit nehmen für gutes Essen und natürlich ein Glas Wein. Die Auswahl überlässt er beim Essen wie beim Wein der Stimmung:

*„Es gibt keinen perfekten Wein, es gibt nur den Wein für den perfekten Augenblick.“*

## WEINGUT EDLMOSER

Maurer Lange Gasse 123
A-1230 Wien
Tel. +43 (0)1 889 86 80
E-Mail: office@edlmoser.at
www.edlmoser.com

# GEMISCHTER SATZ MAURERBERG 2007

13,5% Vol. Alc.

Acht Weißweinsorten von über 49 Jahre alten Rebstöcken ergeben diesen vielschichtigen, würzig-mineralischen Wein, der das Terroir der Top-Lage Maurerberg perfekt zum Ausdruck bringt. Dichter, komplexer Wein, in der Nase Riesling dominiert, am Gaumen jedoch Burgunder und Grüner Veltliner. Schmelzig, exotisch, reife Früchte, dicht und langer Abgang, perfekte Frucht und Säure-Harmonie.

# KARTOFFEL-GULASCH

**Für 4 Personen:**

*200 g Zwiebeln*
*100 g Speck*
*1 El. Paprika*
*1/2 El. Kümmel, ganz*
*1/2 El. Kümmel, gestoßen*
*Knoblauch*
*Salz*
*Majoran*
*1 Lorbeerblatt*
*Suppe zum Aufgießen*
*1 kg Kartoffeln*

1. Den Speck klein schneiden und in Schmalz glasig rösten. Die Zwiebeln dazu geben und anrösten, bis diese goldgelb sind. Mit Essig ablöschen, Gewürze beigeben und die geschälten, in grobe Würfel geschnittenen, rohen Kartoffeln dazugeben. Mit Suppe aufgießen und weich kochen.
2. Eventuell geschnittene, scharfe Würstel beigeben und noch einmal aufkochen.

# FRANZ MICHAEL MAYER
## DER KOSMOPOLIT UND INDIVIDUALIST

***Stille Wasser sind tief – im Fall von Franz Michael Mayer sehr tief und von einer fast schon eigensinnigen Leidenschaft.***

Den Spross einer der berühmtesten und ältesten Weinbaudynastien Wiens – die Familie Mayer ist seit 1683 im Weinbau verwurzelt und mit dem Heurigen „Mayer am Pfarrplatz" eine Wiener Institution – hat es schon früh in die Welt hinaus gezogen.

Seine Erfahrungen in deutschen und elsässischen Weinbaugebieten, um mehr von europäischen Traditionen zu erfahren, aber auch die Neue Welt haben den Ausnahme-Winzer nachhaltig geprägt, bestimmen bis heute seinen visionären Weg. Gleich nach der Weinbauschule Klosterneuburg, 1981, machte er sich auf den Weg nach Südafrika, um seinen persönlichen Horizont zu erweitern.

Als Produktionsleiter für Rotweine bei Nederburg Wines in Paarl beeindruckten den Jung-Winzer nicht nur die neuesten Technologien, von denen in Österreich noch nicht mal wer träumte, sondern auch die bis dato unbekannte Qualität des Rotweines.

***Aber nicht nur der Wein, sondern auch die kulinarischen Genüsse faszinierten Franz Michael.***

Fremdartige, aber umso köstlichere Gerichte wie das „Braivleis", was auf Afrikaans so viel heißt wie „am Holzkohlengrill gebratenes Fleisch", erweiterten den kulinarischen Horizont des jungen Wieners auf sehr schmackhafte Weise. „Das war das großartigste Lamm meines Lebens, butterzart, saftig und frisch, das war unglaublich."

Oft hat er zwei Wochen gespart – als Praktikant schwamm er ja nicht gerade im Geld –, um sich in seinem Lieblingslokal in Paarl ein „Braivless", Südafrikas Spezialität, leisten zu können.

***Die Haubenküche hat FM, wie seine Freunde ihn nennen, im Elsass, dem Mekka aller Gourmets kennen gelernt.***

Ein guter Freund hat den damaligen Studenten in die Welt der Top-Gastronomie eingeführt, ein Erlebnis, an das er heute noch dankbar zurückdenkt. Das größte Geschenk aber hat ihm Australien, der weite Kontinent gemacht – den Fisch. In Form eines „Red Snapers" im Ganzen gebraten und auf einer riesigen Platte serviert, mit unzähligen Beilagen, in einem kleinen, einfachen Lokal, in dem es sonst nichts gab. Er war, wie er selbst sagt, bis dahin „kein begnadeter Fisch-Esser", eher verwurzelt in der Wiener Küche der Großmutter. Dass „Fisch essbar ist" und „noch dazu sehr delikat", das war die kulinarische Entdeckung seines Lebens.

***Die Großmutter hat ihm das „Zuckergoscherl" anerzogen, erzählt er schmunzelnd.***

Wenn er als Kind kein Gemüse essen wollte, hat die Oma einfach ein bisschen Zucker aufs Gemüse gestreut und der kleine Franz Michael war zufrieden. Noch heute gibt er auf den Kochsalat ein wenig Zucker.

Zurück in der Heimat begann er, seine Inspirationen und Visionen zu verwirklichen, mit neuen Rebsorten wie dem Semillon oder verschiedenen Rebkreuzungen zu experimentieren. Die internationalen Erfahrungen bringt er heute im 1999 gegründeten, eigenen Betrieb ein, und dieser Zugang ist der Schlüssel für seine unnachahmlichen Kreationen, die rar und – im wahrsten Wortsinn – kostbar sind.

Wenn es um Preise geht, ist sein Name bei sämtlichen Rankings immer ganz vorne dabei.

*Franz Michael macht keinen Wein, er lebt seine Weine, sie tragen nicht nur seinen Namen, wie der Francisco Miguel, sondern in jedem Schluck liegt auch ein Stück seiner Persönlichkeit, seiner Seele …*

Und wenn er dann im Weingarten sitzt, unter dem Mandelbaum, dann träumt er von den Marillenknödeln seiner Kindheit, von der Tante Mitzi, bei einem Glas „Platinum" …

„Schließlich liegt es in der Hand des Menschen, Gutes entstehen zu lassen."

FM MAYER. VITIKULTUR

Eroicagasse 6
A-1190 Wien
Tel. +43 (0)699 120 277 85
E-Mail: fm-vitikultur@gmx.at
www.fm-vitikultur.at

## PLATINUM GRAUBURGUNDER 2007

15 % Vol. Alc., halbtrocken

Platinum: Dieses Edelmetall besitzt einen ähnlich edlen Grauton wie der Schimmer reifster Beeren vom Grauburgunder. Im Magnum-Akazienfass ausgebaut. Wilder Rosmarinduft vom Mittelmeer sowie Honigmelone in der Nase; am Gaumen cremig, dicht, kraftvoll und frisch lebendig. Im Finale voll mit dezent süßlicher Akazie. Lang anhaltender Abgang und mineralisch – hat unglaubliches Potenzial.

# TANTE MIZZIS MARILLENKNÖDEL AUS KARTOFFELTEIG

**Für 4 Personen:**

*1 kg mehlige Kartoffeln*

*300 g griffiges Mehl*

*1 Ei*

*Salz*

*30 g Butter*

*Marillen*

*Butter, Semmelbrösel*

*1.* Die Kartoffel kochen, schälen, heiß auf ein Brett passieren, mit Butterstückchen belegen und auskühlen lassen. Anschließend mit einem Messer Mehl, eine Prise Salz und das Ei einarbeiten und zu einem Teig verkneten. Aus dem Teig eine handdicke Rolle formen, in Stücke einteilen und zuschneiden. Die Teigstücke mit der Hand flach drücken, jeweils eine Marille einlegen und zu Knödeln formen. In kochendes Salzwasser einlegen und 12–15 Minuten nicht zugedeckt langsam köcheln lassen.

*2.* Die fertigen Knödel in mit Butter gerösteten Bröseln drehen, mit Staubzucker bestreuen und heiß servieren.

# FRITZ WIENINGER
## DER URBANE

*Er ist ein urbaner Winzer, groß geworden in Wien, der einzigen Weltstadt mit Wein.*

Fritz Wieninger liebt das Flair dieser Großstadt: „Ohne den Trubel der Stadt mit all ihren Möglichkeiten könnte ich nicht leben." Dennoch hat er den Bezug zur Natur nicht verloren, im Gegenteil.

Seit seinem Einstieg ins elterliche Weingut 1987, als er von Auslandspraktika in den USA zurückkehrte, wo er sich entscheidende Impulse geholt hatte, verfolgt Fritz Wieninger konsequent sein Ziel, große Weine von internationalem Format mit Wiener Touch zu keltern. Fritz gilt als Pionier des „Gemischten Satzes", jener zutiefst wienerischen Weinspezialität, die jetzt gerade wieder den Gaumen der Weinliebhaber erobert. Sein Nussberg Alte Reben war der Wegbereiter einer neuen Bewegung hin zu den Ursprüngen.

Gemeinsam mit den Wiener Top-Winzern Richard Zahel, Michael Edlmoser und Rainer Christ haben sie vor mehr als zwei Jahren die Vereinigung Wien-Wein gegründet, um das Wiener Weinbaugebiet gemeinsam zu repräsentieren. „Wir sind Wiener, wir haben den Schmäh und sind uns einig, wenn's um die Qualität geht."

*Er liebt die Herausforderung neue Wege zu gehen, „das Gestalterische in meinem Beruf ist fast eine Sucht".*

Im Familienbetrieb in Stammersdorf wird seit der Jahrhundertwende Wein gekeltert, und der Heurige Wieninger ist eine Institution. Der Großvater war ein Heurigenwirt mit Leib und Seele, berühmt für seinen Wiener „Schmäh'" und seine Leidenschaft für gutes Essen.

Für einen guten Rehbraten wär der Opa meilenweit gefahren. Der Hang zur Kulinarik liegt in der Familie. Schon als Bub musste Fritz der Mutter, die eine große Köchin war, in der Küche zur Hand gehen, die Speisen verkosten und beurteilen.

*„Fritz, kost' den Liptauer, was fehlt da?" Die frühkindliche Prägung hat seinen Gaumen geschärft, was sich in späterer Folge als wahrer Segen erwies.*

Die Eltern waren beide große Gourmets, die den Kindern auch gerne die Genüsse der weiten Welt zeigten. Am Sonntag sind sie gerne ins Sacher frühstücken gegangen, und als der strenge Ober die Familie einmal nicht einlassen wollte, weil die beiden kleinen Buben keine Krawatte trugen, da fuhren sie nach Hause, holten die Kinderkrawatten mit dem Gummizug und setzten erneut zum Sturm aufs Sacher an – diesmal mit Erfolg. Mit Messer und Gabel essen gelernt hat Fritz an der Côte d'Azur, die Bouillabaisse quasi mit der Muttermilch getrunken.

Dazwischen liegt ein Hang zur französischen Küche. „Burgund ist mein Mekka", sagt er und freut sich „wenn in einer Sauce, die 3–4 Tage köchelt, der Löffel stecken bleibt, da geht mir das Herz auf."

Das Ultralight ist nicht wirklich seine Linie, wohl aber die Reduktion auf das Wesentliche im Geschmack. „Ich mag es nicht, wenn ich auf einem Löffel 28 verschiedene Zutaten vereinen muss, um das Gericht zu verstehen."

*Fritz Wieninger ist ein Genießer von großem Format. „Essen hat für mich was Leidenschaftliches, fast Erotisches …"*

Er hat sogar seine Golfclub-Mitgliedschaft gekündigt, um mehr Zeit zum Kochen zu haben. „Das Zusammenstellen von Dingen, der Geschmack, der Geruch, die Komposition von beidem – das reizt mich", er wäre gerne ein „inspirativer und geschmacksdominierter Koch mit Hang zur Improvisation".

Er ist auf dem besten Weg dazu, das Risotto mit Treviso ist schon eine Eigenkomposition.

„Meine Vision ist die Umsetzung des Wienerischen im Wein. Mit jedem Schluck schmeckt man Wien."

WEINGUT WIENINGER

Stammersdorfer Straße 80
A-1210 Wien
Tel. +43 (0)1 290 10 12
E-Mail: weingut@wieninger.at
www.wieninger.at

## NUSSBERG ALTE REBEN GEMISCHTER SATZ 06

13,5 % Vol. Alc.

Hat ein feinaromatisches und facettenreiches Geschmacksbild. Der Wein präsentiert sich heute mit einem sehr komplexen Duft nach Zitrusfrüchten, gelben Blüten, Ananas, Erdbeeren und süßen Kräutern, mit vielschichtiger, würziger und mineralischer Frucht, lebhaft, mit schöner Säure, viel Kraft und Präsenz und mineralischer Länge. Großes Potenzial.

## RISOTTO MIT TREVISO

**Für 4 Personen:**

*2 - 3 Häuptel Treviso-Salat (eine Radicchio-Art)*

*1 mittelgroße Zwiebel*

*3 EL Olivenöl*

*250 g Risottoreis*

*125 ml trockener Weißwein*

*1 l Gemüsesuppe (Suppenwürfel)*

*1-2 EL Sauerrahm*

*Salz, Pfeffer*

*Parmesan*

1. Die Zwiebel schälen und fein würfeln. Den Salat waschen und in ca. 1–2 cm große Stücke schneiden. Öl in einem Topf erhitzen, die Zwiebelwürfel darin andünsten, den Reis zugeben und glasig mitdünsten. Mit Weißwein ablöschen. Nach und nach die Suppe unter Rühren zugießen und alles ca. 15–18 Minuten garen. Einige Minuten vor Ende der Garzeit den klein geschnittenen Treviso untermengen und mitgaren.
2. Mit Sauerrahm, Salz und Pfeffer abschmecken und mit geriebenem Parmesan servieren.

# RICHARD ZAHEL

## RICHIE DE VINO

*Er sieht aus wie ein Musketier, Richie de Vino, wie seine Freunde vom „Schmäh-Bankerl" beim Heurigen ihn nennen.*

Und er ist auch einer. Richard Zahel ist einer der vier Musketiere des Wiener Weins, die als WienWein-Quartett mit Schmäh und Qualität anstatt mit dem Degen kämpfen. Das Kämpfen war sowieso nie seines, er hat immer versucht, den leichteren Weg zu gehen. „Ich bin kein Jäger, ich bin der Esser."

*Eigentlich wollte er ja Rennfahrer werden, konnte auch veritable Erfolge in der Formel Ford vorweisen, bis ihm das Geld ausging.*

Da besann sich der Winzer-Sohn seiner Wurzeln, kehrte heim und übernahm den kleinen Heurigen mit 8 Tischen und mit einem halben Hektar Weinfläche. Den Weinbau hatte schon sein Großvater nach Mauer gebracht, er war ein Pionier, hatte als Erster die damals revolutionäre Hochkultur gepflanzt und mit neuen Edelreisern experimentiert. Die Risikobereitschaft des Rennfahrers machte sich bezahlt in diesen Jahren, denn Richie konnte nicht nur den Heurigen ausbauen, sondern auch die Weinbaufläche auf das 20fache erweitern. Der Titel „Winzer des Jahres" und andere Auszeichnungen waren der Lohn für die harten Jahre.

Aufgewachsen ist er wohlbehütet in einer großbürgerlichen Familie, seit 800 Jahren ansässig in Mauer, mit französischer Etikette und strengen Tischmanieren.

*Um eine „schmale Esshaltung" zu erlernen, mussten die Kinder mit schweren Büchern unter den Armen bei Tisch sitzen, und wer die Bücher fallen ließ, musste ohne zu essen vom Tisch aufstehen.*

„Ich war oft hungrig in dieser Zeit", erinnert sich Richie, und auch noch an die 3-Finger-Technik fürs Besteck. Ihm sitzt heute noch der Schalk im Nacken: „Erziehung hab ich ja eine gute genossen, aber die Erinnerung daran setzt manchmal aus …", lacht er.

Richard Zahel liebt die verfeinerte Wiener Küche: „Beim Tafelspitz hat man von der Vorspeise bis zur Nachspeise ein ganzes Menü, von der Suppe übers Fleisch bis zum Semmelkren". Die Wiener Küche ist für Richie „ein Mix der Völker und Kulturen, schon seit der Monarchie, als die Dienstboten, die Köchinnen aus den Kronländern kamen und ihre Rezepte von daheim mitnahmen. Jede kochte anders, von Böhmen bis Ungarn, das macht diese Küche so einzigartig, eigentlich ist sie ja auch ein Gemischter Satz …"

*Der Gemischte Satz, diese typische Wiener Wein-Spezialität ist das Herzblut von Richard Zahel.*

Seit 1994 kultiviert er ihn und hat den Gemischten Satz gemeinsam mit den Wien-Wein-Kollegen wieder „salonfähig" gemacht. Sein Onkel Richard, der Lehrbub beim Gerstner war, „daher die süße Ader", hatte ein eigenes Kochbuch geschrieben, und nach diesen Rezepten wurden die traditionellen Speisen beim Heurigen gekocht. Bis eines Tages das Büchlein verschwand …

Der Heurige ist für Richard Zahel auch heute noch eine Institution.

## *Der Wiener Heurige verkörpert eine klassenlose Gesellschaft.*

Da kann der Generaldirektor mit dem einfachen Angestellten an einem Tisch sitzen, und nach zwei oder drei Glaserln Wein sind alle gesellschaftlichen Schranken beseitigt.

Das „Z'sammsitzen und Schmäh führen", das sei die Wurzel des Wienerischen. Beim Heurigen in Mauer, das Haus wurde schon von Maria Theresia seinerzeit als Schule errichtet, geht es heute noch urig und gemütlich her. Und die Rezepte, die sind zum Teil köstliche Eigenkreationen, wie die „Grammelbuchteln", von Conny, Richies Frau, oder noch die alten „Geheim-Rezepte vom Onkel Richard".

„Bin offen für die süßen Seiten des Lebens."

WEINGUT ZAHEL

Maurer Hauptplatz 9
A-1230 Wien
Tel: +43 (0)1 889 13 18
E-Mail: winery@zahel.at
www.zahel.at

## NUSSBERG GRANDE RESERVE 2006

13,5 % Vol. Alc.

Auf dem „Nussberg" befindet sich ein über 50 Jahre alter Weingarten, in dem neun verschiedene Rebsorten ausgepflanzt sind, deren Trauben zusammen gelesen und gekeltert werden. Das ergibt diesen typischen Wiener Wein, der wohl einzigartig in der Welt ist. Rebsorten: Riesling, Grüner Veltliner, Weißburgunder, Rotgipfler, Zierfandler, Traminer, Grauburgunder, Muskateller, Goldburger. Vielschichtiger Duftmix mit Rosinen und Trockenfrucht; am Gaumen reife Frucht, tolle Vielfalt vom Bratapfel bis zu „süß-sauren" Honignoten. Ein üppiges Geschmackserlebnis.

# GRAMMEL-BUCHTELN

**Für 4 Personen:**

*Germteig ohne Zucker*
*Grammeln*
*1 Zwiebel*
*Salz, Pfeffer*
*Majoran*
*1 Knoblauchzehe*
*Butter*

*1.* Einen festen Germteig ohne Zucker zubereiten, zweimal aufgehen lassen.

*2.* Für die Fülle die Grammeln hacken. Die Zwiebel in etwas Öl anrösten und mit den Grammeln, Salz, Pfeffer, Knoblauch und Majoran vermischen. Aus der Masse kleine Kugerln formen und 1 Stunde im Kühlschrank rasten lassen.

*3.* Den Germteig ausrollen und in kleine Rechtecke schneiden (je kleiner, desto besser!). Die Germteigstücke mit den Grammeln füllen und zu Buchteln formen. In eine Form schlichten, mit flüssiger Butter übergießen und nochmals gehen lassen. Etwa 30–40 Minuten langsam bei 160–180 °C backen. Mit Sauerkraut oder warmem Krautsalat anrichten.

### *TIPP:*

Die Buchteln kann man auch statt mit Grammeln mit Speck und Schwammerln oder vegetarisch füllen.

*Fährt man in den Südosten, macht sich ein landschaftlicher Stimmungswandel bemerkbar. Die Gegend erinnert ein wenig an die ungarische Puszta.*

Rund um Neusiedl ist fast das gesamte Gebiet am Ostufer des einzigen Steppensees im mittleren Europa mit Reben bepflanzt.

Alles ist möglich im Seewinkel, wie das Weinbaugebiet Neusiedlersee auch genannt wird. Auf 9.100 Hektar Rebfläche reift an den Ufern des flachen Steppensees eine Sortenvielfalt für Weiß, Rot und Süß heran. Von trockenen, frischen Weinen über Gehaltvolles und Aromatisches bis zu den weltberühmten Süßweinen, wobei in den letzten Jahren die Vielfalt des Zweigelt immer mehr in den Vordergrund tritt.

*Sonne pur können die Reben in den weitläufigen, geschlossenen Weingärten speichern.*

Das voll wirksame pannonische Klima mit seinen heißen, trockenen Sommern und kalten Wintern sorgt gemeinsam mit dem Neusiedlersee als Temperaturregler für eine lange Vegetationsperiode. Hohe Luftfeuchtigkeit und herbstliche Nebeleinfälle begünstigen die hier regelmäßig auftretende Edelfäule (Botrytis cinerea) als Basis für höchste Prädikatsweine wie Beerenauslesen und Trockenbeerenauslesen. Diese Spezialitäten haben wesentlich dazu beigetragen, den im Vergleich zu traditionsreicheren österreichischen Weinbaugebieten noch relativ jungen Seewinkel in der ganzen Welt bekannt zu machen.

Die sehr differenzierte Bodenstruktur – von Löss und Schwarzerde bis zu Schotter und Sand – lässt eine ebenso vielfältige Rebsortenpalette gedeihen. Sind es beim Weißwein neben der Leitsorte Welschriesling vor allem Weißburgunder und Chardonnay sowie aromatische Sorten, so steht im roten Segment der Blaue Zweigelt an der Spitze, begleitet von Blaufränkisch, St. Laurent und Blauburgunder sowie internationalen Sorten.

# NEUSIEDLERSEE

## Kraftvolle Weine und pannonische Landschaft

*Ob fruchtig ausgebaut oder im Holzfass gereift, ob reinsortig oder als Cuvée – die Rotweine vom Neusiedlersee sind eindeutig auf Erfolgskurs.*

Eine Garde junger Winzer in Orten wie Gols, der größten Weinbaugemeinde Österreichs, Illmitz, Weiden, Mönchhof, Halbturn, Frauenkirchen, Podersdorf und Apetlon steuert auf Erfolgskurs. Nicht nur mit Süßweinen, sondern auch mit kraftvollen Rotweinen. Regionale Vereinigungen wie „Pannobile", „Select Gols" und „Pannonischer Reigen" setzen zukunftsorientierte Initiativen für dieses Gebiet.

*Einen wahren Genussfeldzug hat auch die regionale Gastronomie gestartet, die mit einer spannenden Kombination aus kreativer, moderner Küche und bodenständigen Produkten punktet.*

Von Neusiedl und Gols am Nordufer über Podersdorf, Illmitz, Apetlon und Pamhagen im Süden bis zu Andau, Frauenkirchen oder Mönchhof im Osten des Gebietes. Kulturelle Glanzlichter setzt das Schloss Halbturn mit Ausstellungen und Konzerten rund ums Jahr.

Das war nicht immer so. Früher gab es Weingärten fast ausschließlich auf den Gemarkungen von Illmitz. Die Winzer nutzten das durch den flachen warmen See besonders begünstigte Mikroklima. In vielen Jahren macht dies die Gewinnung von hochwertigen Prädikatsweinen möglich, die auf internationalen Wettbewerben stets für hohe Auszeichnungen gut sind. Andere Weinhauer sahen sich durch dieses Beispiel ermuntert, pflanzten ebenfalls Reben, wobei auch der Rotweinanteil zunahm.

## NEUSIEDLERSEE

# JUDITH BECK

## DIE KOMPLEXE PERSÖNLICHKEIT

***Wein ist männlich, der Weinbau eine Männerdomäne, seit Jahrhunderten werden die Weingüter vom Vater an den Sohn übergeben, und die Frauen der Familien stehen stets erfolgreich hinter ihren Männern.***

Doch die Zeiten ändern sich! Vor mehr als 2 Jahren sind 11 Frauen aus dem Schatten ihrer männlichen Winzer-Kollegen getreten, mit dem erklärten Ziel, die Frauen-Power auch beim Wein salonfähig zu machen. Was bei einem Glas Wein im Rheingau von Birgit Braunstein aus Purbach, Birgit Eichinger aus Strass und Heidi Schöck aus Rust als Idee geboren wurde, nahm binnen kurzem elffache Gestalt an. Das Ziel war für die 11 Power-Winzerinnen von Anfang an klar.

***Sie wollen den Wein-machenden Frauen, den Winzerinnen, den Stellenwert im Wein-Business verschaffen, den sie verdienen.***

Gemeinsame Präsentationen, Weinreisen und Verkostungen sollen die Qualität des „weiblichen" Weines zum Thema machen. Eine der 11 Frauen ist Judith Beck aus Gols. Dass sie als Winzerin eine Ausnahmeerscheinung in dieser Männerdomäne darstellt, darum macht die junge Winzerin keinerlei Aufhebens: „Das sind Vordergründigkeiten. Daran will ich mich nicht messen lassen. Nur an dem, was aus den Reben kommt."

Und das kann sich sehen lassen. Nachdem sie schon längere Zeit für den Keller verantwortlich war – 2000 kehrte sie zurück nach Österreich, ein Jahr später, mit 22, verantwortete sie ihren ersten Jahrgang –, hat Judith Beck im Jahr 2006 die Führung des Weingutes der Eltern übernommen. Des Weingutes, das Vater Mathias gemeinsam mit seiner Frau Christine aufgebaut und in die Top-Riege der Weinproduzenten geführt hat. In vielen Familienweingütern werden heftige Kämpfe ausgetragen, wenn die Söhne die Betriebe der Väter übernehmen wollen. Bei den Becks lief alles harmonisch ab.

***„Vielleicht ist es zwischen Vater und Tochter anders, vielleicht wäre sogar etwas mehr Spannung gut", meint Judith Beck.***

Vater Matthias war erleichtert, als die Tochter in den elterlichen Betrieb kam, er kann sich seitdem ganz auf die Arbeit in den Weingärten konzentrieren. Die Praxis und die wichtigen Erfahrungen in Frankreich im berühmten Château Cos d'Estournel, bei Braida im Piemont und Errazuriz in Chile haben Judith dabei geholfen, hier im äußersten Osten des Burgenlandes zu ihrem eigenen Ausdruck zu finden.

***Das neu erbaute Weingut könnte sich in jeder Architekturzeitschrift sehen lassen, mit den naturnahe bewirtschafteten Vorzeigeweingärten an den Südhängen von Gols und Mönchhof.***

Sie mag das Risiko, liebt es, Dinge auszuprobieren. So entstehen unverwechselbare und authentische Weine, geprägt von ihrer Persönlichkeit. Und sie mag es unberechenbar. Judith Beck macht persönlichen Wein – mit viel Erfolg: „Mein Motto ist kein Motto zu haben, dazu ist meine Persönlichkeit zu komplex." Das Allerwichtigste für sie „ist mein Bauchgefühl".

Der familiäre Zusammenhalt ist ihr wichtig, er gibt ihr Rückhalt, macht sie stark. Jeden Mittag sitzen alle zusammen, die ganze Familie, da wird aufgekocht, geredet und diskutiert, Judith kocht gerne selbst am Abend, wenn mehr Zeit ist.

## „Die Natur arbeiten lassen …"

*Seit ihr die Schwiegermutter nach der Geburt ihres Kindes ein Kochbuch geschenkt hat, hat sie die 5-Elemente-Küche entdeckt.*

„Wir kochen das sehr gerne, vor allem das 5-Elemente-Lammgericht, das ist auf alle Fälle ein Wintergericht, weil es sehr wärmend auf den Organismus wirkt."

Und zur Lammkeule dann noch ein Glas rubinroten St. Laurent genießen, und der Winter kann getrost kommen …

## WEINGUT JUDITH BECK

In den Reben 1
A-7122 Gols
Tel. +43 (0)2173 2755
E-Mail: weingut.beck@aon.at
www.weingut-beck.at

## ST. LAURENT SCHAFLEITEN 06

12,5% Vol. Alc.
Dunkles Rubinrot mit violettem Rand, dunkle Beerenfrucht, Zwetschkenröster, sehr viel Würze, straff am Gaumen mit lebendiger Säure, gute Balance, geschmeidige Tannine im Abgang, viel Potenzial, sehr sortentypischer St. Laurent, besonders gut geeignet zu Rohmilch-Weichkäse, luftgetrocknetem Schinken und vor allem Wild.

# 5-ELEMENTE-LAMMKEULE AUS DEM OFEN

**Für 4 Personen:**

*1,5 - 2 kg Lammkeule*

*Olivenöl*

*500 g Kartoffeln*

*3 Zwiebeln*

*Salz, Pfeffer*

*4 - 5 Tomaten*

*Rosenpaprika*

*getrockneter Rosmarin und Thymian*

*1.* Die Lammkeule auf ein mit Olivenöl bepinseltes Backblech legen. Die Kartoffeln und Zwiebeln schälen, vierteln und auf dem Blech verteilen, mit Salz und Pfeffer würzen. Grob geschnittene Tomaten dazugeben und mit Rosenpaprika bestäuben. Reichlich Olivenöl darüber träufeln, Rosmarin und Thymian darüber streuen.

*2.* Die Keule im Rohr bei 250 °C 15 Minuten braten, dann die Hitze auf 150 °C reduzieren und weitere 1 1/2 Stunden braten. Während der Bratzeit das Blech ab und zu mit etwas Wasser beträufeln.

# LEO HILLINGER
## VOM RASTLOSEN ZUM ABGEKLÄRTEN

*„Back to the Roots" steht groß als Motto in seiner neuen Lebensplanung.*

Leo Hillinger ist auf dem konsequenten Rückzug aus dem Rampenlicht wieder mehr zurück in den Weingarten, den Keller, zur Familie.

Er kocht leidenschaftlich gerne, am liebsten asiatisch, aber ohne Salz und Zucker. „Das sind Feinde des Lebens" und auch Kohlehydrate stehen nicht am Speiseplan, denn „die machen nur müde". Er ist gereift zum Genuss und zur Qualität.

Mit 23 Jahren, in einem Alter, in dem andere noch nicht einmal genau wissen, wo sie beruflich hinwollen, übernimmt Leo Hillinger den Betrieb des Vaters, eines Weinhändlers mit nicht einmal 1 Hektar Weingartenfläche.

*Er beginnt 1990 den Aufbau des eigenen Weingutes praktisch bei null.*

Die Erfahrungen und Eindrücke, die der junge Winzer schon kurz nach der Weinbauschule bei Praktika in der ganzen Welt gesammelt hatte – seine Wein-Weltreise führte ihn von Frankreich über Deutschland und Südafrika bis nach Australien, Neuseeland und Kalifornien –, diese Erfahrungen wollte Leo Hillinger nun im eigenen Betrieb umsetzen.

Er begann, die Traubenproduktion nach seinen Ideen zu reformieren, das Weingut rigoros zu erweitern durch Zukäufe in den besten Lagen und konnte in relativ kurzer Zeit auch markante Qualitätssteigerungen und Umsatzzuwächse verbuchen. Gekonnt wurden die Stärken der österreichischen Sorten mit internationaler Stilistik verwoben. Bei seinem Talent zur Selbstdarstellung blieb auch der kommerzielle Erfolg nicht aus.

*Immer wieder verließ Leo Hillinger traditionelle Wege zugunsten kreativer Innovationen.*

In seinem Heurigen in Jois lud er zu Jazz-Brunch, klassischen Konzerten oder poetischen Ganslessen und knüpfte so ein weitläufiges Netzwerk aus Kunst, Wirtschaft und Weinbau. Natürlich stößt so viel Tatendrang nicht immer nur auf Gegenliebe und Verständnis und so waren die Anfangsjahre durchaus auch geprägt von einigem Gegenwind.

Doch mit der Erfüllung eines Lebenstraums, nämlich des eigenen Kellers – Leo Hillinger hat sich mit einer der modernsten Kellereien Europas ein eigenes Denkmal geschaffen –, ist auch eine Veränderung eingetreten. Er strahlt eine Ruhe und Abgeklärtheit aus, die mit seinem bisherigen rastlosen Lebenswandel in einigem Kontrast stehen.

„Heute passt die Qualität, und das gibt die Ruhe."

Jetzt findet der Top-Winzer auch Zeit für Hobbys, wie seinen Fußball-Verein, den FC Hill Jois. Den FC Jois hat er seinerzeit aus dem finanziellen Tief gerettet und leistet jetzt als Präsident im kleinen Rahmen „Hilfe zur Selbsthilfe, für die Kinder- und Jugendarbeit".

*Am liebsten aber sitzt er am Abend mit seiner Familie zu Hause bei gutem Essen und einem guten Glas Wein und genießt die Ruhe …*

„Das Leben ist zu kurz, man soll jede Sekunde genießen und keine Kompromisse machen.“

## WEINGUT LEO HILLINGER

Hill 1
A-7093 Jois
Tel. +43 (0)2160 8317-0
E-Mail: office@leo-hillinger.com
www.leo-hillinger.com

## PINOT NOIR 06

13,5 % Vol. Alc.

Eleganz, Feingliedrigkeit, Nobles pur – das alles verkörpert der Pinot Noir. Mit seinem zartfruchtigen Duft nach roten Beeren unterlegt von erdig, würzigen Noten mit einem feinen Holzanklang ist er die reine Verführung. Der Gaumen präsentiert sich durch seine geschmeidige Tanninstruktur äußert interessant. Ein langes Finish sorgt für einen unvergesslichen Trinkgenuss.

# THUNFISCH-STEAK IM KORIANDER-PFEFFERKORN-MANTEL

**Für 4 Personen:**

*4 Stk. Thunfisch-Steaks (5 cm dick)*
*Koriandersamen*
*Pfefferkörner*
*Olivenöl*
*frisches Basilikum*
*Zitronengras*
*frischer Koriander*
*Limonenblätter*
*Knoblauchzehen*
*etwas Sojasauce*

1. Koriandersamen und Pfefferkörner im Mörser zerstoßen. Aus Olivenöl, frischem Basilikum, Korianderblättern, Zitronengras, Limonenblättern und Knoblauch mit dem Mixer eine Paste zubereiten, zerstoßenen Pfeffer und Koriander zugeben. Die Steaks mit der Paste marinieren und 12 Stunden im Kühlschrank ziehen lassen.
2. Anschließend die Thunfisch-Steaks mit der Messerspitze leicht einstechen und nur ca. 10 Sekunden auf jeder Seite sehr scharf und heiß anbraten. Die fertigen Steaks mit ein paar Tropfen Sojasauce verfeinern und mit Vogerlsalat servieren. Kein Salz verwenden!

# VOGERLSALAT

*Vogerlsalat*
*Sesamöl*
*Olivenöl*
*wenig Knoblauch*
*Saft von 1 1/2 Limonen*
*1 TL brauner Zucker*
*2 Chilischoten*
*1 Bund frischer Koriander*
*1 Bund frischer Basilikum*

1. Sesam- und Olivenöl mischen, etwas Knoblauch und Limonensaft untermengen. Zucker in Wasser auflösen, die Chilischoten entkernen und klein schneiden, Koriander und Basilikum klein schneiden und alles zu einem Dressing vermengen und über den Vogerlsalat geben.

# AXEL STIEGELMAR
## DER WINZER MIT HERZ, SPÜRSINN UND ELAN

*„Genuss ist, wenn im richtigen Moment das Richtige am Teller liegt", sagt Axel Stiegelmar, „und dann vom richtigen Wein begleitet wird."*

Mehr als 430 Jahre Weinbau-Geschichte, das ist nicht nur für Österreich einzigartig, das ist auch in Europa eine Rarität. Seit 1571 betreibt die Familie Stiegelmar Weinbau in Gols im Burgenland. Zentrum einer Region, deren Lage, Klima und Boden ideale Bedingungen für den Weinbau bieten. Bereits in den frühen 1970er Jahren setzte Georg Stiegelmar auf Qualität im Weinbau und nicht auf Menge.

Seine Ideen waren revolutionär zu seiner Zeit, was ihm naturgemäß nicht nur Freunde machte. Mit Mut und Weitblick wirkte er sogar an der Verbesserung des österreichischen Weingesetzes mit. Mit der Verleihung der „Winemaker of the year"-Trophy 1995 in London wurde die Pionierarbeit des Georg Stiegelmar und sein Lebenswerk für den burgenländischen Wein auch international anerkannt.

### *Axel Stiegelmar, dem Sohn, wurde die Leidenschaft schon quasi in die Wiege gelegt.*

Schon mit 13 Jahren war für den Jungen klar, dass er einmal das Weingut des Vaters übernehmen würde. Lehrjahre bei Graf Neipperg in St. Emilion und dem Star der internationalen Weinszene Robert Mondavi gaben dem jungen Winzer den letzten, entscheidenden Schliff. Sein erklärter Liebling und auch die Stärke des Weingutes ist der Pinot Noir. 15 verschiedene Blauburgunder in fünf verschiedenen Lagen hat das Weingut JURIS seit 1972 ausgebaut. „Der Pinot Noir ist ein menschlicher Wein, er ist fähig, sich auf Stimmungen einzustellen, nicht nur jeder Jahrgang hat sein eigenes Gesicht, sondern auch jede einzelne Lage."

Die Speisekarte der Familie ist auf die Rotweine abgestimmt. Enten, Gänse, Tauben und Perlhühner wurden früher nicht nur selbst gezüchtet, „im alten Haus, in den Hinterhöfen standen die Stallungen", sondern erfreuten sich auch bei den Gästen des Heurigen größter Beliebtheit. Als der Heurige geschlossen wurde, hat Axel Stiegelmar mit seiner Frau private Abende gestaltet, „um den ärgsten Entzug zu mildern", lacht er. Seine Frau ist ja auch aufgewachsen in einem Gasthaus, und so haben die beiden ihre Vorstellung von Gastlichkeit im eigenen Haus verwirklicht.

Da wurde wieder groß gekocht, Fasane, Enten, Gänse, die Spitzenköche der Region gaben sich ein Stelldichein in der Privatküche der Stiegelmars. Bald war aus dem Geheimtipp ein echter Hype geworden.

### *Die „Juris Tafelrunde" war geboren.*

Oft kamen bis zu 30 Personen in die Küche, und die saßen dann da wie an einem „table d'host" in einem französischen Wirtshaus, alle an einem großen Tische, ohne Unterschiede und ohne einander gut zu kennen. „Da sind wunderbare Freundschaften entstanden", blickt Axel Stiegelmar ein wenig wehmütig zurück. Mit der wachsenden Anzahl der Kinder sind diese legendären Gourmet-Abende leider eingeschlafen.

Was geblieben ist, ist seine Liebe zum Federvieh:

*„Wenn wir eine Ente braten, dann riecht es im ganzen Haus nach Bratenduft, da ist die Vorfreude schon der schönste Genuss ..."*

„Für neue Herausforderungen
immer gerüstet sein.“

## WEINGUT JURIS
## AXEL STIEGELMAR

Marktgasse 12–18
A-7122 Gols
Tel. +43 (0)2173 2748
E-Mail: office@juris.at
www.juris.at

## PINOT NOIR 2005 UNGER

13,5 % Vol. Alc.

Dichte Pinot-Nase, noch etwas verschlossen, gut eingebundene Beerenfrucht mit zarter Veilchen- und Himbeernote durchsetzt, kräftiger Körper, rot-beeriger Abgang. In der Nase tabakig-rauchig unterlegtes Zwetschkenkonfit, zart animalische Nuancen, Brombeergelee. Am Gaumen kräuterwürzig, zart karamellig, präsente, etwas spröde Tannine, Bitterschokolade, rotbeerig-weichselig, Würze, wunderschöne Balance, vielversprechend.

# PANNONISCHE ENTE MIT KÜRBIS-PAPRIKA-GEMÜSE UND EIERSCHWAMMERLTORTE

**Für 4 Personen:**

*1 Ente, ca. 1,2 - 1,5 kg*
*1 Apfel*
*1 Zwiebel*
*Salz, frisch gemahlener Pfeffer*
*1 EL Maizena-Fix*

**Kürbis-Paprika-Gemüse:**

*500 g Hokkaido-Kürbis*
*1 rote Paprikaschote*
*2 Schalotten*
*60 ml Schlagobers*
*2 EL Weißwein*
*2 EL Suppe*
*Salz, Pfeffer*
*Currypulver*
*frischer Ingwer*
*Zitronensaft*
*1 TL Maizena Fix*

**Eierschwammerltorte:**

*200 g Weißbrotwürfel*
*250 ml Milch*
*50 g Butter*
*50 g Zwiebeln*
*200 g Eierschwammerln*
*3 Eier*
*Salz, Pfeffer*
*Piment, Muskatnuss*
*1 EL Petersilie*

1. Die Ente waschen, putzen und trocken tupfen. Außen und innen salzen und pfeffern. In die Bauchhöhle einen entkernten Apfel und eine geschälte Zwiebel füllen und die Öffnung mit einer Kochnadel verschließen. Mit der Brustseite nach unten auf ein Blech legen und bei 170 °C braten, das Blech 1 cm hoch mit Wasser begießen.

2. Nach 1 Stunde umdrehen und Brust und Keulen einschneiden, damit das restliche Entenfett auslaufen kann. Die Brust nochmals leicht salzen und die Ente weitere 45 Minuten fertig braten, dabei mehrmals mit Bratensaft übergießen. Nach Ende der Bratzeit 15 Minuten im warmen Rohr rasten lassen. Anschließend den Bratensaft abgießen, das überschüssige Fett abschöpfen und den Saft mit Maizena leicht binden.

3. Die Schalotten würfelig schneiden und in Olivenöl glasig anbraten, mit Wein ablöschen und mit Suppe und Obers aufgießen, weich kochen und anschließend fein pürieren. Den Kürbis schälen und in feine Streifen scheiden. Paprika in Olivenöl glasig anschwitzen, den Kürbis zugeben und kernfest dünsten. Gewürze, Zitronensaft und Schalottenjuice beigeben und mit Maizena leicht binden.

4. Für die Eierschwammerltorte die Zwiebeln würfelig schneiden und in Butter glasig anschwitzen, die Eierschwammerln mitrösten. Die Eier trennen. Milch, Dotter und Gewürze verrühren und Eiklar zu Schnee schlagen. Die Schwammerln, das Milchgemisch und den Schnee unter die Weißbrotwürfel mischen. Die Masse in eine gebutterte und gebröselte Form füllen und bei 180 °C 30 Minuten backen.

# JOSEF UND RENÈ PÖCKL

## RENÉ – DER REVE DE JEUNESSE

***Als die Familie Pöckl das Weingut und die Kellerei im Jahr 2000 ausbaute, da musste ein richtig großes Esszimmer geplant werden, denn das Essen ist eine richtige Zeremonie bei den Pöckls.***

Schlag 12 Uhr mittags kommt die ganze Familie zusammen, und dann wird, wenn es die Zeit erlaubt, oft bis in den Nachmittag hinein gegessen, zusammengesessen und geredet. Dieses Ritual ist ihnen allen wichtig, der ganzen Familie, da werden dann auch verschiedene Weine verkostet, und je nachdem wie voll oder leer eine bestimmte Flasche nach dem Essen ist, gilt das als Gradmesser der Bekömmlichkeit des Weines.

***Theresa Pöckls Küche ist weit über die Grenzen berühmt, und ihre Männer sind ein kritisches Publikum, die vergeben Hauben für jedes Gericht.***

„Meistens 3 Hauben, aber ab und zu halt auch mal nur ein Kapperl", lacht Sohn René, der auch schon in Mutters Fußstapfen tritt und selbst mit eigenen Kreationen die Gäste und die Familie überrascht. Die leiblichen Genüsse waren in dieser Familie schon immer wichtig, seit Generationen.

Ackerbau, Viehzucht und Weinbau waren die 3 Säulen, auf denen der Betrieb fußte, den Albert Pöckl, der Großvater, nach seiner Rückkehr aus Amerika 1910 gründete.

Als Josef „Pepsch" Pöckl 1979 die Verantwortung für das elterliche Weingut übernahm, setzte er einen Qualitätsprozess in Gang, der das Weingut Pöckl in die oberste Klasse österreichischer Rotweinerzeuger katapultierte. Die Spitzenweine – Admiral, Rêve de Jeunesse, die Kreation von Sohn René, und Mystique, die Ultima Ratio der Rotweinkunst von Josef Pöckl – genießen in der Weinszene Kultstatus weit über die Grenzen des Landes hinaus. Seit 2001 ist Sohn René als Kellermeister des Weingutes für die Vinifikation verantwortlich.

„Ich bin jetzt eigentlich nur mehr der Traktorfahrer", schmunzelt Vater Pöckl und gesteht aber dann, beim Verkosten für den endgültigen Verschnitt der Cuvées doch seine Vorstellungen umzusetzen. Seine Rolle im Betrieb definiert „Pepsch" Pöckl mit Humor: „Im Moment bin ich noch wichtig, in einigen Jahren nur mehr wichtig!"

***Nicht nur die Kulinarik genießt einen hohen Stellenwert im Hause Pöckl, sondern auch die Kultur.***

Und so gehen Vater und Sohn zeitweilig auch recht außergewöhnliche Wege in der Vermarktung ihrer Spitzenweine. So hat der Kabarettist und Maler Alexander Bisenz ein eigenes Etikett entworfen, für die Rockgruppe Doc Zorro wurde eine spezielle Cuvée in limitierter Auflage produziert und gemeinsam mit Winzerkollege Gernot Heinrich hat Josef Pöckl eine Zweigelt-Cuvée abgefüllt, die den Namen „Ostbahns Pensions-Wein" trägt. Für jede verkaufte Zehnereinheit dieses Weins erhält Dr. Kurt Ostbahn alias Willi Resetarits eine Flasche als Dividende.

Für Freunde und Gäste profiliert sich Sohn René schon mal gerne als Kreativer am Herd. Seine „Grammel-Pogatscherl-Burger" sind so einfach wie genial und der kulinarische Hit vieler Verkostungen.

***Aus einem luxuriösen „Restl-Essen" war ein Schmankerl à la Jamie Oliver geboren.***

„Ein Mann, der nichts begehrt, ist unbesiegbar!"

René Pöckl

## WEINGUT JOSEF PÖCKL

Zwergäcker 1
A-7123 Mönchhof
Tel. +43 (0)2173 80 258
E-Mail: info@poeckl.com
www.poeckl.com

## PINOT NOIR 05

13,5 % Vol. Alc.

Mittleres Karmingranat, Ockerrand. In der Nase zart nach Orangenduft, feine florale Nuance, Kirschen und Zitronengas. Am Gaumen stoffig, mineralische Nuancen, rotbeerige Frucht, präsente Tannine, die sehr seidig angelegt sind, frisch und finessenreich, zeigt bereits eine gute Länge, sehr guter Sortencharakter, zitroniger Touch.

# GRAMMEL-POGATSCHERL-BURGER

**ACHTUNG**

**Dieses Rezept ist für sehr viele Grammelpogatscherl!**

*1 Würfel Germ*
*1 EL Zucker*
*1 kg Mehl*
*200 g Grammeln*
*300 g Grammelschmalz*
*1 EL Salz*
*1 Becher Sauerrahm*
*3 Eier*
*1/2 l Milch*
*extra: Mehl, 1 Ei*

*1 Entenbrustfilet*
*Thymian*
*Salz, Pfeffer*

*1 kg Rotkraut*
*Saft von einer Orange*
*Salz, Pfeffer*
*Öl*
*1 Zwiebel*
*100 ml milder Rotwein*

1. Germwürfel zerbröseln (in ein kleines Schälchen) und mit 1 EL Kristallzucker so lange verrühren, bis die Masse flüssig ist.
2. Das Grammelschmalz, mit den 200 g grob zerkleinerten Grammeln, in einem Topf bei mittlerer Hitze zergehen lassen. Anschließend 1/2 l Milch dazugeben, gut umrühren und nicht mehr aufkochen lassen.
3. Mehl in einen Germtopf geben und die abgekühlte Grammelschmalz-Milch-Masse dazugeben. Die flüssige Germmasse, 1 Becher Sauerrahm, 3 ganze Eier und 1 EL Salz in den Germtopf hineingeben. Die ganze Masse verkneten und 30–40 Minuten gehen lassen.
4. Aus dem Topf nehmen, eventuell mit etwas Mehl verkneten und auf einer bemehlten Arbeitsfläche ca. 1/2 cm dick auswalken. In der gewünschten Größe ausstechen und anschließend unter einem Geschirrtuch ungefähr 20 Minuten gehen lassen. Mit verquirltem Ei bestreichen und bei 190 °C Heißluft goldbraun backen und auskühlen lassen.
5. Das Entenbrustfilet mit Salz, Pfeffer und frischem Thymian würzen. Zuerst mit der Hautseite ca. 5 Minuten in einer Pfanne (ohne Öl) scharf anbraten, dann auf der anderen Seite weitere 4 Minuten anbraten. Anschließend im vorgeheizten Backofen bei 120 °C Ober- und Unterhitze 15–20 Minuten garen lassen.
6. Rotkraut vom Strunk und groben Außenblättern trennen und fein hobeln. Eine fein gehackte Zwiebel in etwas Öl anrösten und das gehobelte Rotkraut zugeben, mit Salz und Pfeffer würzen. Mit mildem Rotwein und dem Orangensaft ablöschen und zugedeckt weich dünsten. Vor dem Servieren einen fein geriebenen Apfel beimengen.
7. Für den Grammelpogatscherlburger die Grammelpogatscherl halbieren, das Rotkraut und die geschnittenen Entenbrustfiletstücke hineingeben und auf einem Teller anrichten.

# HELMUT PREISINGER

## DER KREATIVE PERFEKTIONIST

***Helmut Preisinger ist ein keativer Perfektionist, sucht nach immer neuen Perspektiven, der Zustand der Zufriedenheit macht ihm Angst.***

„Ich möchte nie erleben, dass ich mit einem Wein so zufrieden bin, dass ich nicht weiß, was ich im nächsten Jahr besser machen kann", sagt er.

Helmut gehört zu den Jungen und Dynamischen im Lande. „Wein ist mein Lebensprojekt. Er steht für Einfachheit und Echtheit. Er steht für meine Heimat." Das ist das Credo dieses Winzers und Familienmenschen, der sich auch durch Extravaganzen einen Namen gemacht hat – was wiederum für sein sehr persönliches Verhältnis zum Wein spricht. „Wir begleiten den werdenden Wein wie eine Kinderschwester in jeder einzelnen Phase der Reifung, umsorgen ihn, um ihn schließlich genau zum richtigen Zeitpunkt zu füllen. „Kreativität zeigt er auch bei der Namensgebung seiner Weine und das hat S.EX., Das Spiel mit der Fantasie, wie es der „Sehr EXtreme Grauburgunder" aus dem kleinen Holzfass mit dem verführerischen Namen S.EX. hervorruft, darf als charmantes Augenzwinkern gesehen werden.

### *Helmut, der Visionär – als Gründungsmitglieder von Select Gols haben die 8 jungen, ambitionierten Winzer Weitblick bewiesen.*

Eine Truppe von Männern, die mit gutem Recht nicht gerade als Stubenhocker bezeichnet werden können, Nachtvögel trifft's schon eher. Man(n) kennt sich und weiß, dass die Arbeit miteinander ausgezeichnet funktioniert. Bei einem der oft hochphilosophischen Gespräche wurde eine Idee aus der Taufe gehoben. Der Golser Rotwein soll in seiner Einzigartigkeit auf ein neues Niveau gehoben werden. Den „Gols" trinken und Gols schmecken, so einfach lautete das Konzept. Jeder Winzer von Select GOLS komponiert zwar seine eigene, individuelle Cuvée, aber mit unverkennbarem Stil wird das Weinthema variiert. Was bleibt, ist die ureigene Golser Charakteristik. Unverfälscht.

### *Helmut, der Genießer – alle Zutaten müssen frisch, qualitativ hochwertig und vorzugsweise von seiner Frau Gabi zu einem Kreativ-Genuss verarbeitet sein.*

Manchmal kocht er auch selber, vorzugsweise Gerichte mit den von ihm selbst kreierten „OK-Saucen", also Kapern, Oliven, Tomaten, Chili und „was der Kühlschrank so hergibt". Sein kulinarisches Vorbild ist Oscar Wilde: „Ich habe einen sehr einfachen Geschmack – von allem nur das Beste." Das Genuss-Gen haben offenbar auch schon die beiden Töchter geerbt.

„Einmal waren wir mit Johanna und Katharina, damals 4 und 1 Jahr, im Pfefferschiff essen. Für Johanna haben wir als Vorspeise Nudeln mit Tomatensauce bestellt – das typische Kinderessen. Wir wählten ein Nudelgericht mit frischen, weißen Trüffeln. Neugierig wie unser Johanna ist, wollte sie auch die Trüffel-Nudeln probieren. Und sie schmeckten ihr. Das Resultat: Wir aßen die Nudeln mit Tomatensauce und unsere Tochter das Haubengericht mit den Trüffeln. Ihren Wunsch nach einer zweiten Portion haben wir überhört …"

„Ich habe einen sehr einfachen Geschmack – von allem nur das Beste.“

Oscar Wilde

*Legendär sind auch die „Wein & Freunde“-Runden:*

Da pilgern die Weinliebhaber nach Gols ins Weingut, und dann wird verkostet „geratscht“ und gustiert bis spät in die Nacht. Es gibt hausgemachte „Schmankerln“ wie Krautsuppe mit karamellisierten Tomaten, Crème brulée mit Lemongras, Sellerie-Apfel-Tatar mit Roastbeef und Arganöl-Vinaigrette, oder Ziegenkäse-Terrine mit warmem Spargel-Rucola-Salat …

Und wer vom herrlichen Wein ein wenig trunken ist, der fällt kommod ins Gästebett.

WEINGUT
HELMUT & GABRIELE PREISINGER

Neubaugasse 17–21
A-7122 Gols
Tel. +43 (0)2173 2362
E-Mail: office@weingut-preisinger.at
www.weingut-preisinger.at

## GOLS 06

13,5 % Vol. Alc.
Dunkles Rubingranat, violette Reflexe, in der Nase feine Edelholzwürze, Brombeeren, dunkle Schokolade, am Gaumen elegant, rotbeerig-kirschige Frucht, sehr harmonisch. Ausbau zur Hälfte in neuen und zur Hälfte in gebrauchten Barriques über eine Zeit von 20 Monaten.

# THYMIANBUCHTELN
## MIT EIERSCHWAMMERLN

**Für 4 Personen:**

*500 g Weizenmehl*
*80 g Butter*
*15 g Zucker*
*Salz*
*250 ml Milch*
*30 g Hefe*
*1 Bund Thymian*
*1 Ei*
*2 Eidotter*
*100 g Butter für die Form*

**Eierschwammerlsauce:**

*800 g Eierschwammerln*
*50 g Butter*
*100 g fein gehackte Schalotten*
*125 ml Sauerrahm*
*200 ml Schlagobers*
*1 EL Mehl*
*1 EL gehackte Petersilie*
*Salz*
*weißer Pfeffer aus der Mühle*

*1.* Aus Hefe, Zucker, etwas lauwarmer Milch und Mehl ein Dampfl zubereiten und gehen lassen. Die restliche lauwarme Milch mit Ei, Dotter, Butter, Salz, Mehl, dem Dampfl und abgezupftem Thymian zu einem Teig verkneten und zugedeckt an einem warmen Ort ca. 20 Minuten gehen lassen. Anschließend den Teig gut abschlagen und in ca. 4 cm große Kugeln teilen. Diese in erwärmter Butter wälzen und locker in eine Kasserolle schlichten, wieder an einem warmen Ort gehen lassen, bis sich die Größe verdoppelt hat. Im vorgeheizten Backrohr bei 170 °C so lange backen, bis sich die Buchteln beim Herausnehmen voneinander lösen.

*2.* Für die Eierschwammerlsauce die fein gehackten Schalotten in Butter anlaufen lassen. Die geputzten Eierschwammerln klein schneiden, zu den Schalotten geben, salzen und pfeffern. 10 Minuten dünsten und trocken rösten, bis das gesamte Wasser verdampft ist. Schlagobers untermengen, kurz reduzieren lassen. Sauerrahm mit Mehl verrühren, beigeben und noch weitere 3 Minuten kochen lassen. Nochmals abschmecken. Vor dem Servieren mit gehackter Petersilie bestreuen. Thymianbuchteln mit der Eierschwammerlsauce anrichten.

### *TIPP:*

Die Thymianbuchteln sind auch eine äußerst schmackhafte Beilage zu Fleischgerichten mit Sauce.

# ERICH SCHEIBLHOFER

## ERIC – THE VIKING

***Er hat schon als Bub gerne gebacken, und wenn die anderen Jungen zum Fußballspielen gegangen sind, am Samstag, da ist der kleine Erich in die Küche gelaufen und hat Kuchen gebacken.***

Mohnkuchen, Marmorkuchen und Schokoladenkuchen. „Den Besten", sagt die Mutter stolz. Aus dem etwas dicklichen kleinen Kuchentiger von damals ist inzwischen ein stattlicher, kreativer Top-Winzer und Genießer geworden.

Das Weingut Scheiblhofer ist für österreichische Verhältnisse ein sehr junges Weingut: Es wurde 1969 von Vater Johann Scheiblhofer gegründet.

Schon in den früheren 80er und 90er Jahren hat Vater Johann immer wieder mit seinen Weiß- und Süßweinen für Furore gesorgt, der „World Champion" und zahlreiche internationale Auszeichnungen machten das Weingut Scheiblhofer zu einem der renommiertesten Weingüter des Burgenlandes. Als Johann Scheiblhofer 1997 seinen „privaten Haustrunk", wie er ihn liebevoll nennt, das erste Mal der Öffentlichkeit präsentierte, wurde der BIG JOHN bald zu einem Kultwein.

Die Liebe zum Wein und die Kreativität liegen auch den Jungen im Blut. 2000 stieg Erich Scheiblhofer gemeinsam mit Bruder Harald „the Engineer" in den elterlichen Betrieb ein, übernahm die ältesten Weingärten in den besten Lagen in Andau vom Vater, erweiterte und kaufte neue dazu.

„Eric the Viking", das ist der liebevolle Spitzname, den der junge Winzer in Kalifornien und Neuseeland bekam, während seines Praktikum bei bekannten Weingütern wie Kendall-Jackson und St. Francis in Amerika und auch Veritas in Australien.

Nicht weil er aussieht wie ein Vikinger, sondern weil er bereit war, für seine klare, kompromisslose Weinlinie so hart zu arbeiten. Mittlerweile ist das Weingut Erich Scheiblhofer ein Begriff. „Winery of the Year" gleich dreimal, zahlreiche Gold- und Silbermedaillen bestätigen den erfolgreichen Weg des jungen „Wikingers".

***Das Kochen ist immer noch die große Leidenschaft von Erich Scheiblhofer.***

Er hat in den letzten Jahren viel Zeit aufgewendet, um seine Kochkünste zu verfeinern. Als Jugendlicher war Erich oft Selbstversorger, ein „Hauben-Pizza-Koch", der mit Fertiggerichten und kreativen Zutaten auch bei den Freunden punkten konnte. Mittlerweile hat er seine Fähigkeiten erstaunlich verfeinert. Denn für Erich ist der Weinbau dem Kochen nicht unähnlich: „Während man in der Küche das Fleisch mit Zutaten und Gewürzen zu einem schmackhaften Gericht verarbeitet, werden im Keller aus guten Trauben, Hefe und Barrique tolle Weine vinifiziert".

Er experimentiert gerne in der Küche und im Keller, am liebsten mit selbst gemachten Saucen, natürlich mit Wein. Wie bei seinem Lieblingsgericht, einem zarten Lungenbraten mit kräftiger Shiraz-Sauce und einem duftig-pikanten Sauvignon Blanc Risotto.

***Kochen ohne Wein ist für ihn schlicht unvorstellbar: „Als Winzer muss man schauen, dass ein ordentlicher Teil Wein im Gericht aufgeht, also flaschenweise, nicht glasweise …"***

„Erfreue dich an den kleinen Dingen des Lebens.“

WEINGUT
ERICH SCHEIBLHOFER

Halbturnerstraße 1 a
A-7163 Andau
Tel. +43 (0)2176 2610
E-Mail: wein@andau.com
www.andau.com

## SHIRAZ 04

14 % Vol. Alc.

Tiefdunkles Rubingranat, violette Reflexe. In der Nase feine Würze, schwarze Beeren klingen an. Feine Gewürze, etwas Nougat, am Gaumen saftig, pfeffrig unterlegte Kirschfrucht, kompakter Körper, dabei verspielt, zeigt bei aller Kraft delikate Frucht.

# SAUVIGNON-BLANC-RISOTTO MIT FILETSPITZEN IN SHIRAZ-SAUCE

**Für 4 Personen:**

*Rindslungenbraten im Ganzen*
*1 Flasche kräftiger Shiraz*
*2 Knoblauchzehen*
*Blütenhonig*
*Ingwer*
*Koriander*
*eine kleine Zwiebel*
*Sauerrahm oder Crème Fraîche*
*Olivenöl*
*Senf*
*Kräutersalz*
*Pfeffer*

**Risotto:**

*400 ml Sauvignon Blanc*
*2 EL Olivenöl*
*70 g Schalotten*
*1 Knoblauchzehe*
*40 g Butter*
*400 g Risottoreis*
*3/4 l Geflügelfond*
*Kräutersalz, Pfeffer*
*1 EL Blütenhonig*
*Ingwer, Koriander*
*80 g geriebener Parmesan*
*etwas gehobelter Parmesan zum Garnieren*

1. Das Fleisch in 3–4 cm dicken Stücken zerteilen und großzügig mit Senf bestreichen. Olivenöl in eine Pfanne geben und sehr stark erhitzen. Zwiebel in kleine Würfel, Knoblauch in feine Scheiben schneiden und das Fleisch damit belegen.
2. Die bestrichenen und belegten Steaks vorsichtig in die heiße Pfanne legen und scharf anbraten, bis sich eine Kruste bildet. Danach wenden und ebenfalls scharf bis zur Krustenbildung anbraten, dann das Fleisch aus der Pfanne nehmen. Zwiebel, Knoblauch und Senf in der Pfanne belassen und mit einer Flasche Shiraz ablöschen. Aufkochen und ca. 10 Minuten einreduzieren. Dabei 2 EL Blütenhonig unterrühren. Nach dem Einreduzieren etwas Kräutersalz, Pfeffer, Koriander und Ingwer beimengen. Mit Sauerrahm oder Crème Fraîche verfeinern, bis sich eine sämige Sauce bildet. Die Steaks zugeben und je nach Belieben (englisch 3 Minuten, medium 5 Minuten, durch 8 Minuten), leicht köcheln lassen.
3. Für das Risotto die Schalotten und den Knoblauch fein schneiden, mit Olivenöl und 20 g Butter anschwitzen, danach mit einem 1/8 l Sauvignon Blanc ablöschen und dabei unter ständigem Rühren verkochen lassen.
4. Nach und nach den Geflügelfond und den restlichen Wein unter ständigem Rühren einarbeiten. Bei der letzten Weinzugabe 1 EL Blütenhonig zugeben. Dieser nimmt dem Wein die überschüssige Säure.
5. Mit Salz und Pfeffer würzen, Parmesan zusammen mit der restlichen Butter untermengen und mit etwas Koriander und Ingwer abschmecken. Mit gehobeltem Parmesan bestreuen und sofort servieren.
6. Die Steaks entweder in Filetspitzen schneiden oder als Ganzes servieren.

# JOHANN SCHWARZ
## HANS – THE BUTCHER

***With friendly help of Mr. „K" - so lautet die Unterzeile dieses außergewöhnlichen Weingutkonzeptes.***

Johann Schwarz, gewichtiger Fleischhauer aus Andau im Seewinkel, hat sich seit Jahren mit seinen feinen Schnitzeln, Stelzen, Blunzen und Fleisch-Raritäten weit über die Region hinaus einen Namen gemacht. Berühmt und viel gefragt ist Hans „the butcher" als Grillmeister. Keiner grillt so gut wie er, keiner kennt die Geheimnisse besser als er: „Grillen ist für Außenstehende schwer, man muss logisch mitdenken, wenig würzen, scharf anbraten und richtig ruhen lassen", bringt er die Kunst auf den Punkt.

***Zum Wein kam Johann Schwarz über Umwege, eigentlich über seine besten Kunden.***

Jahrelang bearbeitete Hans Schwarz seine 12 Hektar Rebfläche nach Anleitung von Alois Kracher und war stets einer seiner wichtigsten und besten Traubenlieferanten. Gemeinsam mit den beiden Kult-Winzern Alois Kracher und Manfred Krankl, nahm der Weinfreak schließlich die Herausforderung an, mit dem Jahrgang 1999 erstmals eigene Schwarz-Weine zu vinifizieren. Die Zielvorgabe war klar: eigenständig und individuell sollten die Weine sein, kompromisslos in der Qualität und ohne Fixierung auf bodenständige Traditionen – außer diese Traditionen tragen dazu bei, das Ergebnis zu verbessern.

Fleischermeister Hans Schwarz baute dabei von Anfang an auf die kenntnisreiche Unterstützung der beiden großen „K"s. Gemeinsam wollten sie, Süßwein-Guru Alois Kracher, der in Südkalifornien ansässige Spitzenwinzer mit österreichischen Wurzeln Manfred Krankl, Mister „Sine qua non", und Hans „the Butcher" den Trauben aus den Andauer Rieden an der ungarischen Grenze eine internationale Dimension einhauchen.

***Sie hatten einen Traum: Weine zu produzieren, wie es sie in Österreich noch nie gab.***

Ein Weiß-, ein Rot- und ein Roséwein, „The Butcher", das ist das ganze Sortiment. Alle drei Weine werden im Barrique ausgebaut. Bereits der erste Jahrgang 1999 erhielt national und internationale Höchstnoten. Der durchschlagende Erfolg gab dem visionären Konzept Recht, heute haben diese Weine Kult-Status. „Wenn ich mich überreden lasse, etwas zu tun, dann aber ordentlich", sagt der Quereinsteiger, „halbe Sachen gibt's schon zu viel. Da ist meine Schwäche und gleichzeitig meine Stärke!"

Die Fleisches-Lust ist nicht nur Beruf für Hans „the butcher", sondern Berufung. Wenn er von der Zubereitung des Wurstbrät spricht, von der richtigen Temperatur, da leuchten seine Augen. „Das ist wie beim Wein, die richtige Temperatur im richtigen Moment entscheidet bei der Gärung, und auch beim Kochen braucht es verschiedene Temperaturen zur perfekten Gärung."

„Meine Schwäche
ist auch meine Stärke.“

***Essen ist für ihn Genuss pur, ein Erlebnis, nie würde er hungrig essen gehen, denn „da kommt der Genuss zu kurz!“***

Sein Lieblingsgericht zu Hause – „nichts Gegrilltes, das muss ich ohnehin so oft machen“ – sind die geschmorten Ochsenbackerln. Denn das Schmoren ist eine eigene Kunst, und dazu trinkt der Meister am Herd seinen „Schwarz-Rot“.

Und auch die zahlreichen Gäste trinken und genießen nach dem Motto:
*„Bis'd Schwarz wiast …“*

## WEINGUT JOHANN SCHWARZ

Hauptgasse 21
A-7163 Andau
Tel. +43 (0)2176 3231
E-Mail: schwarz.johann@24on.cc
www.thebutcher.com

## SCHWARZ ROT 2006

13,5 % Vol. Alc.

Zweigelt, der betörende Aromen ins Glas zaubert – schwarze Kirschen, zarte Malznoten und exotische Schwarzteetöne. Vielschichtige Tiefe und seidige Textur bringen viel Druck in den Gaumen und ein endloses Finale. Ausbau in Barriquen.

# GESCHMORTE OCHSENBACKERLN

## MIT KARTOFFELPÜREE UND GEMÜSE

**Für 4 Personen:**

*4 Ochsenbackerln*

*Salz*

*je 2 kleine gelbe und rote Karotten*

*1/2 Sellerieknolle*

*1 Stange Porree*

*4 Zwiebeln*

*4 Lorbeerblätter*

*10 Wacholderbeeren*

*je 1 TL schwarze und weiße Pfefferkörner*

*1 l kräftiger Rotwein*

*Sonnenblumenöl*

*2 - 3 EL Tomatenmark*

*Rindsuppe*

*20 g Bitterschokolade, 80 %*

*roter Balsamico*

**Kartoffelpüree:**

*500 g mehlige Kartoffeln*

*40 g Butter*

*Milch*

*Salz, Muskatnuss*

*2 Eier*

**Gemüse:**

*je 2 rote und gelbe Karotten*

*1 Stangensellerie*

*1 Stange Porree (nur den grünen Teil)*

*1 Kohlrabi*

1. Die Ochsenbackerln zwei Tage vorher salzen und mit den Gewürzen und dem klein geschnittenen Wurzelwerk in Rotwein marinieren.
2. Zur Zubereitung die Backerln aus der Marinade nehmen, gut abtupfen und in Sonnenblumenöl von allen Seiten anbraten, anschließend wieder aus der Pfanne nehmen.
3. Das Gemüse aus der Marinade heben und in der Pfanne gut anrösten. Tomatenmark zugeben, kurz mitrösten und mit ca. der Hälfte der Marinade ablöschen. Die Backerln wieder zugeben, zudecken und ca. 2–3 Stunden bei 95 °C schmoren lassen. Mit der restlichen Marinade und der Rindsuppe immer wieder aufgießen, bis das Fleisch weich ist.
4. Anschließend die Backerln aus der Pfanne nehmen. Die Sauce einkochen lassen, abseihen, das Wurzelwerk entfernen und mit Bitterschokolade und Balsamico abschmecken. Die Backerl in Portionen schneiden und in die Sauce legen.
5. Die Kartoffeln kochen, abgießen und heiß passieren. Butter einrühren, mit heißer Milch verrühren und mit Salz und Muskatnuss abschmecken. Eier trennen und mit dem Schneebesen Dotter und Eiklar unter das heiße Püree mengen. Die Masse in eine mit Butter bestrichene, feuerfeste Form füllen und die Oberfläche glatt streichen. Mit Butter beträufeln und im heißen Rohr goldbraun überbacken.
6. Das Gemüse in kleine Streifen schneiden und bissfest kochen. Ochsenbackerln mit Sauce, Kartoffelpüree und Gemüse servieren.

# JOSEF „PEPI" UMATHUM
## DER POET

Josef „Pepi" Umathum ist der Poet unter den Winzern. Weinmachen ist für ihn das Erlebnis, das Gespür des Bodens ins Glas zu bringen.

***„Ich muss das Jahr in mir spüren, die Kälte, die Wärme, die Dramatik des Jahres", er ist mit den Elementen der Umgebung verbunden. „Wein ist eine liquide Erzählung."***

Die Umstellung auf Bio-Dynamische Bewirtschaftung und Wiederaufnahme der Rinderhaltung mit zwei Graurinder Kühen im Jahr 2006 war da nur die logische Konsequenz seiner Lebensphilosophie.

Der Name Umathum stammt aus dem Fränkischen und geht auf die Nachsilbe Thum zurück. Schon zu Zeiten Maria Theresias siedelten sich die Vorfahren der Umathums am Neusiedlersee an. Bereits seit damals spielte der Weinbau eine große Rolle im Leben der Familie. Bis in die 80er Jahre wurde der Betrieb als gemischte Landwirtschaft geführt. Heute ist der Weinbau der absolute Mittelpunkt im Leben der Familie – seit 1985 schon zeichnet Josef Umathum für die weltweit renommierten Weine des Hauses verantwortlich. Seit 1990 zählt es zu den besten Weingütern Österreichs. 1995 wurde dem Weingut Umathum in London die „Burgundy Style Trophy" verliehen – die größte internationale Auszeichnung, die bisher je ein österreichischer Rotwein erzielen konnte.

Auch bei der Errichtung des geräumigen Barrique- und Flaschenlagers und eines großzügigen Verkostungsraumes im Weingut Umathum 2003 in Frauenkirchen spielte die Symbolik eine große Rolle. Die Halle ist gebaut wie ein Kirchenschiff, „man geht hinein in die Kathedrale, ins Etikett, in die Flasche, ins Allerheiligste". Ein alter Beichtstuhl verleiht der Kirche noch mehr Symbolik. Auch der alte Ortskern mit dem Anger und dem Dorfplatz ist originalgetreu nachempfunden, und die Reste der Stadtmauer stellen den Schutz dar, einst gegen Wind und mächtige Reitervölker.

***Pepis Urgroßmutter war Köchin im Restaurant zum „Roten Hahn" und hatte einst ein berühmtes Kochbuch geschrieben.***

Zu einem besonderen Jubiläum schenkten Verwandte dieses Kochbuch von Uroma Umathum dem berühmten Koch Helmut Österreicher. Die Urgroßmutter kommt aus Albern, und auch der Spitzenkoch ist aus dieser Gegend. Als sie sich wenig später trafen, konnte sich Pepi Umathum einen kleinen Seitenhieb an den berühmten Koch nicht verkneifen. „Jetzt weiß ich endlich, warum du so gut kochst, du kochst ja mit dem Kochbuch meiner Urgroßmutter!"

In der Familie wird sehr gerne Fisch gegessen, aus dem benachbarten Neusiedler See. Das Lieblingsrezept von Pepi Umathum ist die Fischsuppe von Neusiedlerseefischen, mit Paprika und Paradeisern, alles Zutaten, die auf den eigenen Feldern wachsen.

„Was man mit Liebe tut, soll man intensiv tun.
Dann hat das Leben seinen Genuss und seinen Sinn."

Da gerät der poetische Winzer ins Schwärmen: „ Es ist, wie wenn man das Netz ausbreitet, die Vielfalt des Sees spürt, die Suppe ist eine Verbindung von Wasser und Erde."

*Und wenn er auf der Terrasse sitzt, da wo der ungarische Wind die Schwingungen der Reitervölker bringt vom Osten, dann „muss es im Topf brennen, die Dramatik der Landschaft wiedergegeben werden. Diese Suppe ist eine Inszenierung …"*

WEINGUT UMATHUM

St. Andräer Straße 7
A-7132 Frauenkirchen
Tel. +43 (0)2172 24400
E-Mail: office@umathum.at
www.umathum.at

## GELBER & ROTER TRAMINER 2007

13,5% Vol. Alc.
Gelbliche Farbe mit rosa Reflexen, blumiger Duft, der an Honig und Rosen erinnert, am Gaumen voll und mild, sehr fein und lang. Ein edler Wein.

# FISCHSUPPE
# VON NEUSIEDLERSEE-FISCHEN

**Für 4 Personen:**

*Stücke vom Zander, Karpfen, Wels, Aal, Hecht*

*1 l Fischfond*

*1 Zwiebel*

*je 1 rote und grüne Paprikaschote*

*2 Knoblauchzehen*

*Dille*

*1 EL Tomatenmark*

*2 TL Paprikapulver, edelsüß*

*Salz, Pfeffer*

*Öl*

1. Zwiebel und Paprika putzen, in Würfel schneiden und in wenig Öl anrösten. Das Tomatenmark zugeben und kurz mitrösten, das Paprikapulver zugeben und mit dem Fischfond aufgießen. 5 Minuten kochen lassen und mit Salz, Pfeffer und Knoblauch würzen.
2. Die geputzten und entgräteten Fischstücke und etwas gehackte Dille zur Suppe geben und weitere 5 Minuten ziehen lassen.

# NEUSIEDLERSEE – HÜGELLAND

## Vom Winzerkönig bis zum Leithagebirge

*Nicht nur seit dem Winzerkönig ist das Gebiet am Westufer des Neusiedlersees und besonders Rust, die Freistadt mit jahrhundertealter Weinkultur, den Weinliebhabern ein Begriff.*

Am Leithagebirge sind die Allrounder unter Österreichs Winzern zu Hause. Kaum ein anderes Weinbaugebiet erlaubt eine solche Vielfalt an Weintypen wie die 4.150 Hektar am Westufer des Neusiedlersees. Mit dem Ruster Ausbruch ist auch einer der berühmtesten Süßweine der Welt seit Jahrhunderten ein Fixpunkt der regionalen Weinidentität.

In diesem Gebiet begegnet man der langen Weinbautradition auf Schritt und Tritt. Mineralische Weißweine entlang des Leithagebirges werden aus den Sorten Pinot Blanc, Chardonnay und Welschriesling gekeltert. Diese weißen Juwelen findet man in Purbach, Donnerskirchen, St. Margarethen, Rust, Schützen, Eisenstadt und Großhöflein.

Topografisch, klimatisch und geologisch ist im Weinbaugebiet Neusiedlersee-Hügelland für Abwechslung gesorgt – und für Terroir-Weine in perfekter Ausprägung. Bei den Weißweinen liegt ein Schwerpunkt auf Burgundersorten, aber auch Spezialitäten wie Sauvignon Blanc oder die Traditionssorte Furmint zeigen hier Finesse und Esprit, ganz abgesehen vom Riesling und Grünen Veltliner von den Urgesteinsinseln um Donnerskirchen. Bei den Rotweinen reicht das Spektrum vom Blaufränkisch, der hier einige Berühmtheiten hervorgebracht hat, bis zum sensiblen Blauburgunder.

*Auf dem Weg von Norden nach Süden durchquert man drei ganz unterschiedliche Weinbauzonen.*

An den Südhängen des Leithagebirges, einem der letzten Ausläufer der Zentralalpen von Breitenbrunn bis nach Großhöflein bei Eisenstadt, ist stellenweise Glimmerschiefer in der Kalkschicht zu finden, auf der die Trauben für charaktervolle Weine mit feinster Mineralik reifen. In Seenähe, ob Oggau, Rust oder Mörbisch, sind es die moderaten Temperaturen, das reflektierte Sonnenlicht und die hohe Herbstfeuchtigkeit, die bei den Weißweinen für Aromafülle sorgen und bei den Rotweinen die Reife fördern. Die Edelfäule Botrytis cinerea ist hier die Grundlage für den Ruster Ausbruch, dessen ruhmreiche Vergangenheit eine erfreuliche Renaissance erlebt. Die dritte eigenständige Zone liegt bei Zagersdorf sowie Pöttelsdorf weiter im Süden, mit idealen Bedingungen für Rotweine, besonders aus der Rebsorte Blaufränkisch. Hier ähneln Klima und Boden schon dem angrenzenden Mittelburgenland.

### *So abwechslungsreich wie beim Wein lässt sich auch das Rahmenprogramm gestalten.*

Die Landeshauptstadt Eisenstadt mit Schloss Esterházy, Mörbisch mit den Operettenfestspielen oder die historische Freistadt Rust mit der Weinakademie setzen Akzente im Kultur- und Weintourismus. Weinkulinarische Erlebnisse bietet eine Reihe von renommierten Restaurants von Purbach über Schützen am Gebirge bis Rust.

# NEUSIEDLERSEE – HÜGELLAND

# BIRGIT BRAUNSTEIN

## DIE PHILOSOPHIN

***Manchmal muss man im Leben verschlungene Pfade gehen, um den richtigen Weg zu finden.***

Aufgewachsen mit der jahrhundertealten Winzertradition ihrer Familie – schon von klein auf mitarbeiten, im Weingarten, im Keller, im Gastronomiebetrieb – das war eine Selbstverständlichkeit für Birgit Braunstein.

Doch dann entschied das „g'scheite Mädel" anders. Sie wollte in die Stadt, um was zu lernen und was zu werden. Die Höhere Lehranstalt für Tourismus und die Wirtschaftsuniversität waren Stationen auf dem Weg zum großen Ziel. Unternehmensberaterin für Gastronomiebetriebe, eine Managerin mit Karriere-Ambitionen wollte sie werden. Heute ist sie stolz darauf, den Weg zurück gefunden zu haben, zu den eigenen Wurzeln: „Ich muss hinaus in die Natur, muss ihre Kreativität spüren und ausleben in meinen Weinen." Und die liegen an den sonnigen Hängen des Leithagebirges mit Blick auf den Neusiedlersee, in der jüngsten Stadt des Burgenlandes.

Purbach ist ihr Ort zum Leben – seit mehr als 3.000 Jahren ist die Geschichte Purbachs mit dem Wein verbunden. Hier gehört sie hin, in die Großfamilie, die Stütze gibt, aber auch viel Einsatz fordert.

***Es ist nicht nur die Tradition, es ist die Leidenschaft und Überzeugung, dass Birgit Braunstein vor einigen Jahren den Weinbaubetrieb der Eltern übernommen hat.***

1996 vinifizierte Birgit Braunstein ihren ersten Wein und fand mit diesem, wie sie sagt „einen wirklichen Glücksmoment in meinem Leben". Um ihr Glück auch nach außen zu zeigen, hat sie ein irisches Glücks-Kleeblatt auf ihren Etiketten.

Zwei miteinander verbundene „B"s, auch ein Zeichen für Birgit Braunstein und die Unendlichkeit. Schnelle, oft unkonventionelle Ideen, dafür wird sie auch in ihrem Freundeskreis geschätzt, wie bei den „11 Frauen und ihre Weine", der Vereinigung von Top-Winzerinnen aus Österreich, deren Mitbegründerin sie war und die sich mittlerweile gemeinsam und höchst erfolgreich vermarkten.

***Ihre kulinarischen Wurzeln kann sie nicht verleugnen.***

Sie ist eine begeisterte Köchin und hat sogar kurz überlegt, das familieneigene Restaurant „Paulis Stub'n" zu übernehmen. Sie kocht „nach Gusto und Laune", meistens abends und am Wochenende, denn unter der Woche lassen sich alle gerne vom Bruder im Restaurant verwöhnen, das schließlich nur einen Katzensprung entfernt liegt und zu den besten im Burgenland zählt.

***Die Passion zum Kochen hat sie vom Opa geerbt, der war Landwirt und Fleischhauer, hat begnadet gekocht, der Josef Braunstein.***

Seine selbst gemachten Würste waren legendär und seine Menüs, herzhafte Hausmannskost, perfekt für Leib und Seele. Der Opa hat auch gern und köstlich gebacken, am liebsten den berühmten Germ-Gugelhupf, „der hat schon beim Anschauen gezittert, so weich war der", lacht Birgit. Das Talent hat sich in direkter Linie auf ihre zwei Buben, die Zwillinge, übertragen. Wenn die Mutter mal später heimkommt, dann kochen die zwei, Nudelsuppe, karamellisierte Banane und zum Muttertag, da gibt es frischen Kuchen. Selbstverständlich direkt ans Bett.

*Birgit Braunstein liebt die saisonale Küche, alles muss frisch auf den Tisch.*

Eines der Lieblingsgerichte ist das Weide-Lammkarree mit Kräuterkruste. Da hilft die ganze Familie mit, und dazu passt auch das Flaggschiff des Hauses so gut, der Oxhoft, vielfach preisgekrönte Cuvée, deren Namen kein Fantasiename ist, wie viele glauben, sondern die alte Bezeichnung für das kleine Eichenfass. Darin wurde der Wein nicht nur gelagert, sondern auch zu den Handelshäusern und Gasthöfen im Gebiet der alten Monarchie transportiert.

Und wenn dann alle zufrieden am Tisch sitzen, dann ist sie glücklich. „An schönen Momenten nährt sich die Seele", sagt Birgit Braunstein.

„Um große Dinge im Leben erreichen zu können, genügt es nicht, sie zu tun, sondern sie zu träumen, sie nicht zu planen, sondern an sie zu glauben."

## WEINGUT BIRGIT BRAUNSTEIN

Obere Bahngasse, Hauptgasse 18
A-7083 Purbach am See
Tel. +43 (0)2683 5913
E-Mail: weingut.braunstein@purbach.at
www.braunstein.at

## OXHOFT ROT (CUVÉE) 04

14 % Vol. Alc.

Oxhoft ist die althochdeutsche Bezeichnung für das Barriquefass und der Markenname unserer Premiumweine. Es soll jeweils der beste Weißwein als auch der beste Rotwein des Jahrganges diese Bezeichnung tragen. Er zeigt eine hohe Viskosität und hat eine dunkel-rubinrote Farbe mit zarten Violettreflexen. In der Nase erkennt man die reifen und runden Johannesbeertöne des Cabernets. Am Gaumen schmeichelt er durch seine balancierte Tanninstruktur und Kaffee-Schokotöne.

# LAMMKARREE MIT KRÄUTERKRUSTE

**Für 4 Personen:**

*1 Lammkarree*

*Salz*

*weißer Pfeffer aus der Mühle*

*1 Schalotte*

*70 g Stangensellerie*

*je 1 kleine Zwiebel, Karotte und Tomate*

*je 1 Zweig Rosmarin und Thymian*

*1 Lorbeerblatt*

**Kräuterkruste:**

*30 g Schalotten*

*30 g Petersilie*

*20 g Estragon*

*2 Zweige Thymian*

*30 g Kerbel*

*80 g geriebenes Weißbrot*

*Salz*

*weißer Pfeffer aus der Mühle*

*1 TL Dijon-Senf*

1. Das Karree würzen und parieren, die dabei anfallenden Abschnitte würfelig schneiden. Eine Pfanne ohne Fett erhitzen und das Karree auf der Fettseite darin anbraten, die Abschnitte mitbraten. Jede Seite etwa 6 Minuten braten, das Fleisch sollte innen noch leicht rosa sein. Aus der Pfanne nehmen, in Folie einschlagen und etwa 6 Minuten ruhen lassen. Das Fett aus der Pfanne abgießen, die Abschnitte belassen. Das Gemüse klein schneiden, zusammen mit den Kräutern in die Pfanne geben und leicht Farbe nehmen lassen. Mehrmals mit etwas Wasser aufgießen und einreduzieren.
2. Für die Kruste alle Zutaten fein schneiden und vermixen, mit Salz und Pfeffer abschmecken. Das Karree auf der Fettseite dünn mit Senf besteichen, die Kräutermasse 1/2 cm dick auftragen und im Backrohr bei starker Oberhitze (oder unter dem Salamander) etwa 5 Minuten knusprig überbacken.
3. Die Sauce passieren, abschmecken und mit dem Lammkarree servieren.
4. Als Beilage passen dazu knusprige Röstis aus Kartoffeln, Zucchini und Karotten sowie zarte, in Butter geschwenkte Prinzessbohnen.

# HANS FEILER

## DER CHARMANTE GEMÜTSMENSCH VOLLER WITZ

***Die Freistadt Rust, idyllisch am Ufer des Neusiedlersees gelegen, berühmt für ihre Süßweine, besonders den Ruster Ausbruch.***

Die kleinste Stadt Österreichs ist ein historisches Juwel. Bereits am 3. Dezember 1681 erhebt Kaiser Leopold I. auf dem Reichstag in Ödenburg Rust zur Freistadt. Ihren Freibrief erkauften sich die reichen Ruster Bürger teuer: um 60.000 Gulden in bar, damals ein riesiges Vermögen, und 500 Eimer (rund 26.000 Liter) des überaus kostbaren Ruster Ausbruchs für die kaiserliche Hofburg.

***In dieser geschichtsträchtigen Freistadt lebt er – Hans Feiler, der echte „Winzerkönig".***

Schon im Jahr 2002 überlegte Hans Feiler, warum überall sonst in Österreich, Fernsehserien gedreht werden, nur nicht in seiner wunderschönen Heimat, dem Burgenland und vor allem in Rust, diesem Juwel. Wein ist „in", dachte Hans, warum also nicht eine Serie über einen Winzer in Rust und im Burgenland, drehen. Ein sehr guter Freund des Hauses bringt Hans Feiler in Kontakt mit dem Chefdramaturgen des ORF. Zur seiner großen Überraschung und natürlich auch zur Freude gibt es dort auch schon zaghafte Überlegungen in dieselbe Richtung.

Es folgten viele Gespräche, Ideen wurden gewälzt und zum Teil wieder verworfen, auf Erfolge und Zusagen folgten ernüchternde Rückschritte, wie immer im Leben. Bis sich eines Tages der Programm-Verantwortliche und Produzent auf die weite Reise ins kleine Rust aufmachte, nur kurz wollte er bleiben, aus Zeitgründen. Man ging essen, ins schöne Bürgerhaus, und als der gute Mann weit nach Mitternacht in sein Auto stieg, da war er beeindruckt: „Im Burgenland vergisst man die Zeit", sagte er und kaufte die Serie.

Von August 2005 bis Ende Jänner 2006 werden dann in Rust, das auch Hauptspielort der Serie ist, und rund um den Neusiedlersee bereits die 13 Folgen der ersten Staffel gedreht. Hauptdarsteller ist der allseits bekannte und beliebte Harald Krassnitzer, der auch privat als Weinkenner und Weinliebhaber gilt.

***Auch das Weingut Feiler-Artinger, im Film als Weingut Schnell bekannt geworden, ist wichtiger Drehort der erfolgreichen Serie.***

Aber nicht nur das Weingut, sondern auch „Pionier" Hans Feiler selbst spielt in kleinen Nebenrollen mit und bringt als Berater heute noch so manche Idee ein, „die das Leben halt so spielt …" Trotz des Medienrummels ist Hans Feiler geblieben, was er immer war: ein ruhiger Gemütsmensch, voller Witz und Charme, ein preisgekrönter Winzer, der seiner Heimatstadt mit viel Geduld, Ausdauer und Diplomatie zu Kultstatus verholfen hat. Orden hat er bis heute keinen dafür, aber er trägt's mit Fassung. Haben sich doch in all den Jahren wunderbare Freundschaften ergeben, beim gemeinsamen Zusammensitzen und Verkosten, und das ist ihm wichtiger als jeder Orden.

Hans ist ein „Häferlgucker", gibt seiner Frau gern gute Ratschläge, aber er kocht auch selber, dann und wann für seine Gäste, und hat sogar einen Kochkurs im Wifi gemacht.

Aufgekocht wird jeden Tag im Hause Feiler-Artinger, zwei bis drei Gänge, alles aus der eigenen biodynamischen Landwirtschaft, und immer eine gute, herzhafte Suppe, weil der Hans ein „Suppentiger" ist.

Und an den Drehtagen freut sich das Team auch immer auf die rustikale, typisch burgenländische Küche im Hause Feiler, wie die deftige Krautsuppe oder den würzigen Bohnenstrudel.

Zum Dank hat ihm die Filmfirma letztes Jahr einen Tisch, einen schönen, schweren Steintisch, geschenkt, der steht unter seinem geliebten Mandelbaum. Und in der Platte steht eingraviert:

*„EI CUI LAPIDEM COMMOVIT."*
*„Der den Stein ins Rollen gebracht hat."*

„Harmonie in der Familie, Harmonie im Wein."

## WEINGUT FEILER-ARTINGER

Hauptstraße 3
A-7071 Rust
Tel. +43 (0)2685 237
E-Mail: office@feiler-artinger.at
www.feiler-artinger.at

## GUSTAV 06

Neuburger, 14% Vol. Alc.
13 Monate in Barriques auf der Feinhefe gereift.
Helles Gelb; intensive Nase nach reifen Äpfeln und exotischen Früchten, unterlegt von zarten Vanillearomen; vollmundig und kräftig; sehr langer Abgang.
Ideal zu getrüffelten Speisen.

# BOHNENSTRUDEL

**Für 4 Personen:**

**Teig:**

*400 g glattes Mehl*
*1 TL Salz*
*4 EL Öl*
*250 ml lauwarmes Wasser*
*etwas Essig oder trockener, säurebetonter Weißwein*

**Fülle:**

*500 g weiße Bohnen*
*1 kleine Zwiebel*
*1 Knoblauchzehe*
*3 EL Semmelbrösel*
*500 ml Sauerrahm*
*Salz, Pfeffer*
*Majoran*
*scharfes Paprikapulver*

*1.* Die Bohnen waschen und über Nacht in Wasser einweichen lassen.

*2.* Die Zutaten für den Teig gut verkneten und zugedeckt rasten lassen. Das Bohnenwasser salzen und die Bohnen darin sehr weich kochen. Abgießen, die Bohnen mit einer Gabel zerdrücken und mit dem Sauerrahm verrühren. Die klein gehackte Zwiebel und die Knoblauchzehe in Butter glasig anschwitzen, die Brösel untermengen und goldbraun anrösten. Unter die Bohnen mengen und mit Salz, Pfeffer, Majoran und etwas scharfem Paprikapulver abschmecken.

*3.* Den Teig auf einem bemehlten Tuch dünn ausziehen (ca. 60 x 90 cm), mit zerlassener Butter beträufeln und die Fülle auf 3/4 der Fläche gleichmäßig verteilen. Die dicken Ränder mit einem Messer abschneiden und den Teig mit Hilfe des Tuches von der befüllten Seite her einrollen. Im Rohr bei 180 °C 30 Minuten backen. Nach der Hälfte der Backzeit mit flüssiger Butter bestreichen.

### *TIPP:*

Für den Teig Weizen- und Dinkelmehl mischen, dann lässt er sich besser ausziehen. Man kann den Strudel aber auch mit einem fertigen Teig zubereiten.

# ERICH GIEFING
## DER DANKBARE

***Das ist eine Erfolgsgeschichte der anderen Art: vom Haubenkoch zum Top-Winzer.***

Erich Giefing ist der Quereinsteiger unter den Winzern, vom Haubenkoch zum Top-Winzer, vom erfolgreichen Gastronomen zum ausgezeichneten Weinbauern. Er war der Platzhirsch, eroberte Anfang der 90er Jahre mit seinem Restaurant Backstube in Rust, damals das kleinste Gourmet-Restaurant Österreichs, die Herzen der Gourmetkritiker. Auch seine Sekt- und Champagner-Bar und die Cocktailbar waren gefragte, angesagte Insider-Lokale.

Seine ersten Sporen verdiente der junge Koch in den frühen 80er Jahren als Küchenchef bei Vater Eselböck, revolutionierte die burgenländische Küche gemeinsam mit der Familie Eselböck.

***Für Erich Giefing war die burgenländische Küche - stark verfeinert - sein ganzer Stolz.***

Doch das Leben hatte anderes vor mit ihm. Ein tragischer Schicksalsschlag, ein schwerer Unfall, den er nur knapp überlebt, bringt die Umkehr, die innere Einkehr in seinem Leben. Als ihm von der Nachbarin zufällig zwei Weingärten angeboten werden, greift er zu und legt damit den Grundstein für ein neues Leben. Mitte der 90er entschließt er sich mit seiner heutigen Frau Claudia, das Kochen bleiben zu lassen, verpachtet seine Lokale und stürzt sich mit unbändigem Mut und waghalsiger Selbstverständlichkeit in seine neue Aufgabe, den Weinbau.

„Ich wollte eigentlich nie Weinbauer werden, aber jetzt hat der Wein Ruhe in mein Leben gebracht, mir Kraft gegeben, meine Wurzeln zu finden“, ist Erich dem Leben heute dankbar.

Mitten im historischen Stadtkern der Freistadt Rust findet Erich Giefing in einem 500 Jahre alten, traditionsreichen Winzerhaus seine zweite Heimat, hier wird nach liebevoller Restaurierung der Grundstein zum Weingut Giefing gelegt.

***„Es war eine ungeschminkte Braut, aber Liebe auf den ersten Blick“, weiß er noch heute.***

Das Weingut ist alleine schon architektonisch eine kostbare Rarität. Der Freihof stammt aus dem Jahre 1490 und wurde von den Esterhàzys als Lesehof gebaut, mit einem 1.200 $m^2$ großen Gewölbekeller darunter, der heute noch genutzt wird. Es ist eines der wenigen Gebäude seiner Art, welches heute noch als Winzerhaus aktiv in Verwendung steht. Ein guter Freund unterstützte die Famiilie Giefing in den schweren Anfängen als „Flying Winemaker“ und schon die ersten drei Weine konnten zwei Gold- und eine Silbermedaille erringen. Der Start war geglückt.

Heute werden auf den sanft ansteigenden Hängen des Ruster Hügellandes einige der besten Lagen bewirtschaftet, die ältesten Rotweinanlagen sind 50 Jahre und älter. Zahlreiche internationale Auszeichnungen bestätigen den Quereinsteiger auf seinem engagierten Weg.

***Das Kochen kann Erich Giefing aber trotzdem nicht lassen.***

Täglich bereitet er persönlich für seine Familie und die Mitarbeiter ein gesundes, köstliches Menü. Miteinander sitzen und essen ist ihm persönlich wichtig, da wird geredel, werden Pläne geschmiedet und Probleme gelöst. Ganz besonderes Augenmerk widmet er heute dem Dessert.

Zu jedem Kaffee gibt es eine Mehlspeis, natürlich selbst gebacken, und er freut sich immer ganz besonders auf das Süße.

„Anscheinend hat es was mit dem Alter zu tun: Je älter ich werde, umso mehr genieße ich auch die Zuckerseite des Lebens …"

„Geh nicht nur die glatten Straßen. Gehe Wege, die noch niemand ging – damit du Spuren hinterlässt und nicht nur Staub."

WEINGUT GIEFING

Hauptstraße 13
A-7071 Rust
Tel. +43 (0)2685 379
E-Mail: giefing@wein-rust.at, giefing@weisswein.cc
www.wein-rust.at

## RUSTER AUSBRUCH FURMINT 2005

11,5% Vol. Alc.
Leuchtendes Goldgelb, vielschichtiges Duftspiel nach Quitten, Ananas und Grapefruit, am Gaumen traubig, elegant mit saftigen Pfirsichanklängen; im Finish mineralisch und Anklänge an Trockenfrüchte. Ein Wein mit schöner Balance und feiner Harmonie.

# RUSTER GUGELHUPF

**Für 4 Personen:**

*200 g Butter*
*7 Eier*
*170 g Zucker*
*1 Pkg. Vanillezucker*
*Schale von 1 unbehandelten Zitrone*
*70 g Mehl*
*1 TL Backpulver*
*60 g Brösel*
*170 g geriebene Haselnüsse*
*70 g Schokolade*
*2 Hand voll entkernte Weichseln*

Persönliches Rezept von Erich Giefing, erstmals 1988 in seinem Restaurant „Backstube" serviert.

*1.* Butter schaumig rühren und die Eidotter nach und nach untermengen. Die Hälfte des Zuckers, Vanillezucker und etwas geriebene Zitronenschale dazugeben und schaumig rühren. Das gekühlte Eiklar mit dem restlichen Zucker zu festem Schnee schlagen. Mehl, Backpulver, Brösel, Haselnüsse und grob gehackte Schokolade vermischen und unter die Dottermasse mengen, zuletzt den Eischnee vorsichtig unterheben.
*2.* 2/3 der Masse in eine ausgebutterte und bemehlte Gugelhupfform füllen, die Weichseln einstreuen und die restliche Masse darüber geben. Im vorgeheizten Backrohr bei ca. 160 °C 90 Minuten backen.
*3.* Auskühlen lassen, aus der Form stürzen und mit Staubzucker bestreuen. Der Gugelhupf schmeckt am besten noch etwas lauwarm und mit einem kräftigen Löffel Schlagobers serviert.

# THOMAS SCHWARZ
## DER SPONTANE KOCH

*Genießen mit allen Sinnen, ist das Motto im Kloster am Spitz.*

In der einstmaligen Paulaner-Einsiedelei am Hang des Leithaberges mitten im Grünen, mit wunderbarem Blick auf den Neusiedlersee, da verwöhnt einen das Leben. Und das schon seit beinahe 100 Jahren, seit die Urgroßeltern von Thomas und Wolfgang Schwarz ein kleines Wirtshaus auf die grüne Wiese stellten, den „Hölzl-Wirt", eine Einkehr für die Viehhändler auf ihrem beschwerlichen Weg von Wien nach Ungarn. Die Raststätte wurde immer beliebter ob ihrer guten Küche, und als die Großeltern Mitte der 60er Jahre eine der ersten, damals so beliebten Backhendlstationen eröffneten, gab's für die Gäste kein Halten mehr. Von Wien bis Budapest kamen sie, und wenn in dem riesigen Gastgarten kein Platz mehr war, dann wurden die Backhendln einfach im Auto, am Autodach, in der Wiese gegessen, einfach auf jedem freien Fleck.

„Die Großmutter hat den Erdäpfelsalat und den Krautsalat noch im Schaffel zubereitete", erinnert sich Thomas Schwarz, und „zu Pfingsten 1960 hat der Vater 48.000 ganze Hühner verkauft, knapp 100.000 Portionen zubereitet", da wurde rund um die Uhr gebrutzelt, bis der Strom ausfiel.

*Die burgenländische Stromgesellschaft musste der Backhendlstation einen eigenen Strommast bauen, damit es nicht in der ganzen Umgebung finster wurde.*

„Der Bua ist im Wirtshaus geboren", sagt sein Vater, und der muss es ja wissen. Als Wirtshauskind durfte Thomas Schwarz die Palatschinken für die Gäste machen, und lange Zeit hat sich der junge Winzer auch von Palatschinken ernährt: „Am liebsten mit Marillenmarmelade", oder von den „Hortobagy", einer Spezialität des Hauses, gefüllt mit feinstem Kalbsfaschiertem mit Rahm.

Er selbst ist heute noch ein „Restl-Verwerter", ein spontaner Koch, er kocht aus dem Bauch heraus und ohne großes Konzept.

*„Ich bin ein typischer Kühlschrank-auf-Koch", sagt er, was allerdings eine leichte Untertreibung ist, hat sich Thomas Schwarz doch mittlerweile zu einem Bratenspezialist am heimischen Herd entwickelt.*

Wurden in den, zum Restaurant gehörenden Weingärten bis in die 70er Jahre noch ausschließlich Weine für den Eigenbedarf gelesen, so änderten sich mit den Jahren die Wertigkeiten. Schon 1965 füllte der Großvater die ersten Bouteillen für das Restaurant und 1985 kaufte der Vater das erste Barrique. 2001 teilten sich die Brüder die Herausforderung. Wolfgang, mit Leib und Seele Gastronom, übernahm das Restaurant, Thomas, „der junge Wilde", ging in die Weingärten. Mit großem, ausgezeichnetem Erfolg. Er entwickelt sich mit den Jahren, sagt er, „ich reife wie mein Wein."

*Heute lebt man im Kloster am Spitz, die Trilogie des Genusses, den Geruch von Wein in der Nase, gutes Essen auf der Zunge und die Sonne im Gesicht …*

## PINOT NOIR 2007

13% Vol. Alc.

Rieden Eisner und Heide am Südosthang des Leithaberges zwischen Purbach und Breitenbrunn, der Pinot reift im großen Eichenfass auf der Feinhefe, rubinrot, frische Cassisnote, Sauerkirsche, grüne Walnuss, saftig, elegant strukturierte Tannine, burgundischer Charme, geschmeidiges Mundgefühl, mittellanger Nachhall

# SCHWEINSLUNGENBRATEN IN ROTWEIN POCHIERT MIT ERDÄPFELPUFFER UND KIRSCHEN-CHUTNEY

**Für 4 Personen:**

*4 Stk. Schweinslungenbraten à 150 g*

*750 ml Rotwein*
*(ein kräftiger und farbintensiver Wein wie Merlot oder Syrah)*

*Pfefferkörner*

*1 Zweig Thymian*

*2 Lorbeerblätter*

*Salz*

**Chutney:**

*500 g entkernte Kirschen*

*1 Stk. Ingwer, ca. 2 cm*

*100 g Zucker*

*Salz, Pfeffer, Senf*

*2 EL Olivenöl*

**Erdäpfelpuffer:**

*1,2 kg mehlige Erdäpfel*

*2 Eier*

*100 g Mehl*

*Salz, Pfeffer*

*Schnittlauch*

*Majoran*

1. Für das Chutney Olivenöl erhitzen und den geriebenen Ingwer und grob gemahlenen Pfeffer darin anschwitzen. Die Kirschen und den Zucker beimengen und dick einkochen lassen. Mit Salz, Pfeffer und Senf abschmecken und auskühlen lassen.
2. Den Rotwein mit Pfeffer, Thymian und Lorbeerblättern aufkochen und etwa auf die Hälfte reduzieren lassen. Auf ca. 70 °C abkühlen lassen und auf dieser Temperatur halten. Den gesalzenen Schweinslungenbraten in den Rotwein einlegen und ca. 15–20 Minuten darin garen.
3. Für die Puffermasse die Erdäpfel waschen, schälen und grob reiben. Mit Salz, Pfeffer, Schnittlauch und Majoran würzen, die Eier und das Mehl einarbeiten. Wenig Fett in einer Pfanne erhitzen, die Masse löffelweise hineingeben und auf beiden Seiten goldbraun backen.
4. Zum Anrichten die Lungenbratenstücke schräg in 3–5 Scheiben schneiden – das Fleisch sollte innen noch zartrosa und außen vom Rotwein gefärbt sein. Die Erdäpfelpuffer mit Küchenpapier abtupfen, in Schichten neben das Fleisch legen und ein wenig Chutney dazugeben.

# MITTELBURGENLAND

## Rassige Rotweine, Blaufränkisch mit viel Charakter

***Nicht umsonst heißt diese Region auch Blaufränkisch-Land, gibt doch der kraftvolle Rotwein hier den Ton an.***

Als Rotweinsorte spielt er auf den 2.100 Hektar Rebfläche des Weinbaugebietes Mittelburgenland die Hauptrolle: der Blaufränkisch, der in Form von DAC-Weinen seine Herkunft idealtypisch repräsentiert. Vier Gemeinden geben den Ton an: Deutschkreutz, Horitschon, Lutzmannsburg und Neckenmarkt, und zwei moderne Genossenschaften beweisen, dass Größe sehr wohl mit höchster Qualität konform gehen kann.

Und nicht nur der Blaufränkisch prägt die Region, sondern auch die bemerkenswert dichte Anzahl an Top-Weingütern und Spitzenwinzern.

Einige der besten Weinbauern profitieren hier von teils sehr alten Weingärten – zum Teil bis zu 80 Jahre alt. Die liefern zwar wenig Ertrag, aber das in Spitzenqualitäten.

***Überquert man den Sieggraben südlich des Neusiedler Sees und fährt in Richtung der ungarischen Grenze, landet man im Zentrum der österreichischen Rotweinkultur.***

Der erste Eindruck der Weinlandschaft mit den dicht bewaldeten Hängen lässt kaum glauben, dass auch hier der Einfluss des Neusiedlersees maßgeblich ist. Ende der 1970er und Anfang der 1980er Jahre wurden in dieser Region erstmals Rotweine mit Identität gekeltert, und der Auslöser des großen Aufschwungs ist bis heute die Sorte Blaufränkisch, über deren Herkunft nicht allzu viel bekannt ist. Umso mehr haben sich die Weine einen Platz im internationalen Spitzenfeld verschafft.

Die topografischen und klimatischen Voraussetzungen sind günstig: Die Weingärten werden von der Buckligen Welt im Westen, dem Ödenburger Gebirge im Norden und dem Günser Gebirge im Süden geschützt. Aus der pannonischen Tiefebene im Osten kann der warme, trockene Wind ungehindert einströmen. Die Böden sind ziemlich einheitlich, meist schwere, tiefgründige Lehmböden mit großer Wasserspeicherfähigkeit, was sich vor allem in trockenen Jahren positiv auswirkt. So können Blaufränkisch, aber auch Zweigelt, Cabernet Sauvignon und Merlot Kraft und Struktur gewinnen.

Ob reinsortige Weine oder Cuvées das bessere Ergebnis liefern, darüber lässt sich streiten. Unbestritten ist auf jeden Fall, dass der Blaufränkisch auf dem Weg in die Weinzukunft weiterhin eine führende Rolle spielen wird.

*Qualitätsgarant dafür ist eine aufstrebende Winzerschaft mit großem Zusammengehörigkeitsgefühl.*

Aber auch zwei moderne Winzergenossenschaften verstärken die Erfolgsstrategie. Sie haben frühzeitig erkannt, dass beim Rotwein zeitgemäße Investitionen unerlässlich für Markterfolg und Exportchancen sind.

# MITTELBURGENLAND

# HORST GAGER
## DER LIEBENSWERTE

*Er hat ein eigenes, selbst gebasteltes Kochbuch.*

Nicht irgendeines, sondern ein kleines kostbar gebundenes Büchlein, in das Horst Gager seit vielen Jahren die besten Rezepte zusammenträgt, liebevoll handschriftlich festhält oder aus Zeitungen ausschneidet und mit seinen ganz persönlichen Anmerkungen beschreibt.

*Er hütet es wie einen Schatz – des Winzers eigenes Kochbuch!*

„Ich bin beim Kochen nervöser als beim Weinmachen", lacht Horst, der leidenschaftlich gerne kocht, aber neben der Arbeit im Weingut viel zu selten Zeit dazu findet.

*Dabei hatte der Weinbau der Familie Gager eigentlich als Nebenerwerb begonnen.*

Vater Josef Gager hatte 1 Hektar Weingarten vom Großvater geerbt und mehr aus Neugier, denn aus echter Überzeugung 1984 die ersten Flaschen abgefüllt, einen klassisch ausgebauten Blaufränkisch.

Dass dieser Wein 1984 gleich einen der beiden Falstaff-Sieger stellen würde, das war dann doch die große Überraschung und der Startschuss für den konsequenten Ausbau des Weingutes.

Der Erfolg ließ nicht lange auf sich warten, zahlreiche internationale Auszeichnungen bestätigten das Weingut als eines der besten Österreichs, und derart motiviert, macht die Familie Gager seit 1999 das Hobby zum Beruf.

*Die Liebe zum Wein und das Engagement für Spitzenqualitäten machte es notwendig, dass Sohn Horst im Jahr 2003 hauptberuflich in den Betrieb einstieg, nicht ganz freiwillig allerdings.*

War er doch – ebenso wie damals in den 80er Jahren der Vater – ein Quereinsteiger. Denn schon als Bub war ihm klar, dass er kein Weinbauer werden wollte, also studierte er an der HTL Gebäudetechnik und hatte große Karrierepläne in der Energieplanung.

Doch wie so oft im Leben kommt es anders, als man denkt, und so kann sich Horst heute keinen schöneren Beruf mehr vorstellen:

„Das Hobby meines Vaters ist für mich Beruf und Berufung zugleich", sagt der Sohn heute und sieht sich als harmonische Ergänzung mit neuen Ideen zum erfolgreich Altbewährten.

Das Debüt des Jungwinzers Horst, eine Cuvée aus Zweigelt und Rösler, mit dem Namen „Q2" war ein schöner Erfolg und bereichert das Sortiment des Erfolgsweingutes neben der Cuvée „QUATTRO", dem Markenzeichen der Gagers und der Cuvée „CABLOT", dem Flaggschiff des Betriebes.

Bei dem großen Um- und Ausbau der Kellerei vor einigen Jahren wurde neben dem Verkostungsraum auch eine eigene Küche eingebaut, so kann man im Weingut jetzt nicht nur die herrlichen Weine degustieren, sondern auch köstlich speisen.

*Wenn Horst am Sonntag doch mal Zeit findet, dann verwöhnt er seine Lieben gerne mit einem asiatischen Wok-Gericht. Scharf muss es sein, „so scharf, dass der Mund angewärmt wird".*

Kochen ist Entspannung, Abschalten vom Alltag. Er kocht auch nie gleich, „ich bin ein wagemutiger, experimentierfreudiger Koch", aber dafür mit umso größerer Begeisterung.

„Es ist vernünftiger zu bereuen, etwas getan zu haben, als zu bereuen, etwas nicht getan zu haben."

WEINGUT GAGER

Karrnergasse 2 u. 8
A-7301 Deutschkreutz
Tel. +43 (0)2613 80 385
E-Mail: info@weingut-gager.at
www.weingut-gager.at

## TYCOON 06

13,5% Vol. Alc.

Cuvée aus Cabernet Sauvignon, Blaufränkisch und Tannat
Sattes, undurchsichtiges Rubingranat mit dichtem, schwarzem Kern; dichte Nase nach dunklen Brombeeren, Waldhimbeeren und edler dunkler Schokolade; am Gaumen kompakt und engmaschig; vielschichtiger Fruchtschmelz mit enorm dichter Tanninstruktur trägt den Wein; tiefer, langer Nachhall im Abgang.

# WOK
# À LA HORST

**Für 4 Personen:**

*1 Zwiebel*
*2 Knoblauchzehen*
*400 g Fleisch zum Kurzbraten*
*250 g Gemüse nach Saison*
*150 g Champignons*
*1 Brokkoli*
*1 Dose Sojabohnen*
*Salz, Pfeffer*
*Sojasauce*
*Olivenöl*
*etwas Honig*
*Suppe zum Aufgießen*
*Maizena*

1. Zwiebel und Knoblauch grob schneiden. Das Fleisch in Streifen schneiden, mit Salz, Pfeffer würzen und mit Sojasauce marinieren. Das Gemüse in Stifte, die Champignons in Scheiben schneiden, den Brokkoli blanchieren und die Sojabohnen abtropfen lassen.
2. Das Olivenöl im Wok sehr heiß erhitzen, Zwiebeln, Knoblauch und Fleischstreifen darin scharf anbraten und anschließend wieder aus dem Wok nehmen.
3. Gemüse und Champignons im Wok anrösten, etwas Honig in die Mitte geben und mit dunkler Sojasoße ablöschen.
4. Anschließend das Fleisch wieder zugeben, mit Suppe aufgießen und mit etwas Maizena eindicken. Brokkoli und Sojabohnen untermengen, abschmecken und heiß mit Reis oder Weißbrot servieren.

# ALBERT GESELLMANN

## DER WEIT GEREISTE GENIESSER

*Seine wilden Jahre verbrachte Albert Gesellmann in Südafrika und Kalifornien und hat dabei den burgenländischen Horizont markant erweitert.*

Die erste Weinreise führte den erst 15-jährigen ins Bordeaux und er bekam schon 1985 eine Vorstellung von „großen" Rotweinen.

Die Praxis in Südafrika war für den bekennenden „Fisch-Fan" ein reines Paradies, ein „Lobster-Paradies". Von den Lobster-Essen in der kleinen Bay, in diesem winzigen Fischlokal, jeden Sonntag mit Freunden – davon träumt Albert noch heute, das ist das Einzige, was er im Mittelburgenland vermisst.

*Die Erfahrungen der Wanderjahre setzte er gekonnt um, entwickelte mit den Jahren eine einmalige Symbiose aus traditioneller Individualität und modernster Kellertechnik, schaffte den Spagat zwischen alten Wurzeln und neuen Geschmacksoffensiven.*

In alten Urkunden wird das Gut 1767 zum ersten Mal erwähnt, doch seine Blütezeit begann, als Engelbert Gesellmann Mitte der 80er Jahre internationale Sorten pflanzte und mit dem Ausbau in Barriques experimentierte.

Bis 1979 wurde im Weingut, so wie in vielen Betrieben in Deutschkreutz hauptsächlich Weißwein, süßer Weißwein, für die deutschen und holländischen Gäste angebaut. Mit der Goldmedaille auf der Kremser Weinmesse für den Blaufränkisch 1979 begann der unaufhaltsame Aufstieg als Rot-Weingut der Spitzenklasse.

1982 baute Pionier Engelbert Gesellmann den ersten Rotwein im gebrauchten Barrique aus, nicht in irgendeinem, sondern in Barriques von Château Latour, die er gemeinsam mit dem legendären Hans Igler erstanden hatte.

In den folgenden Jahren entwickelten die beiden Rotwein-Pioniere geeignete Fässer mit heimischen Fassbindern, um ihren Weinen die bestmögliche Reifung zu ermöglichen.

Der Bundessieg 1986 mit dem Blaufränkisch Barrique war eine kleine Sensation.

*Dann ging es Schlag auf Schlag.*

Mit „Opus Eximium", erstmals gefüllt 1988, begann in Österreich die Ära der Rotwein-Cuvées von internationalem Format.

Und dem Flagschiff „Bela Rex" stellte Albert Gesellmann 1992 erstmals das Potenzial seiner Rotweine mit internationaler Stilistik unter Beweis – und sorgte für Furore.

Bela Rex, diese feine Cuvée aus Cabernet und Merlot, verdankt ihren Namen dem ungarischen König Bela IV., während dessen Regierungszeit Deutschkreutz 1245 zum ersten Mal urkundlich in Zusammenhang mit Wein erwähnt wurde.

Je häufiger Engelbert Gesellmann und sein Sohn Albert in den Weinbauregionen der Welt unterwegs waren, umso mehr haben sie die Individualität ihres eigenen Gebietes schätzen gelernt.

*„Reisen ist die wichtigste Art der Weiterbildung", sagt Albert und genießt vor allem die vielen Varianten der fremden Küchen.*

Er ist ein Genießer großen Stils. Wenn er essen geht mit den Winzerkollegen und Freunden, wird nicht lange nach der Speisekarte gefragt. „Wir sagen dem Koch, er soll uns auftischen, bis wir abwinken!", und solche kulinarischen Gelage mit den begleitenden ein, zwei oder mehr Weinen, die können schon manchmal länger dauern.

Wichtig ist, dass Albert sich beim Küchenchef „gut aufgehoben fühlt" . „Das ist wie beim Wein: guter Wein entsteht im Kopf und nicht im Keller, und gute Köche entwickeln ihr Menü auch im Kopf und nicht erst auf dem Teller."

*„Aber ohne Fingerspitzengefühl geht gar nichts, das macht erst den Reiz des Könners aus."*

„Reisen ist die wichtigste Art der Weiterbildung."

WEINGUT
FAMILIE GESELLMANN

Langegasse 65
A-7301 Deutschkreutz
Tel. +43 (0)2613 80360-0
E-Mail: weingut@gesellmann.at
www.gesellmann.at

## HOCHBERC 2005

13,5 % Vol. Alc., Blaufränkisch

Kräftiges Rubingranat, zart unterockert, breitere Randaufhellung. In der Nase intensive florale Nuancen, Veilchen und Herzkirschen, Orangenzesten, sehr gute Mineralik, Gewürznoten. Am Gaumen feinwürzig, saftige Kirschfrucht, feine Tannine, sehr harmonisch, frischer trinkanimierender Stil, Kirschen im Nachhall.

# FILETSTEAK
## MIT STEINPILZRISOTTO

**Für 4 Personen:**

*4 Stk. Filetsteaks (abgelegen)*
*Olivenöl*
*250 g Risottoreis*
*Jungzwiebeln*
*1 Knoblauchzehe*
*250 g kleine Steinpilze, geviertelt*
*Weißwein*
*heller Gemüsefond*
*Parmesan*
*Salz, Peffer*
*verschiedene Kräuter*
*Butter*

1. Die Filetsteaks einen Tag vorher mit frisch gemahlenem Pfeffer würzen und mit Olivenöl marinieren.
2. Die Steinpilze in Olivenöl anrösten und die fein geschnittenen Zwiebeln dazugeben. Die Zwiebeln angeschwitzen, dann den Risottoreis dazugeben und glacieren. Nun mit Weißwein ablöschen und etwas einreduzieren.
3. Immer wieder mit dem Gemüsefond aufgießen, sodass immer genug Flüssigkeit vorhanden ist. Mehrmals umrühren, damit das Risotto nicht anbrennt.
4. Kurz bevor das Risotto fertig ist, die Steaks aus der Marinade nehmen. Das Öl mit fein geschnittenen Jungzwiebeln und einer zerdrückten Knoblauchzehe in einer Pfanne heiß werden lassen. Die Steaks darin bis zum gewünschten Garungsgrad anbraten.
5. Wenn die Steaks in der Pfanne sind, den frisch geriebenen Parmesan und die kalte Butter zum Risotto dazugeben. Nochmals durchrühren und mit frischen Kräutern verfeinern.

# SILVIA HEINRICH
## DIE LEIDENSCHAFTLICHE

***Es war ein typisches Winzer-Frauenschicksal im Mittelburgenland.***

Obwohl sie schon als Kind wusste, dass sie Weinbäuerin werden wollte, war der Bruder als Hoferbe vorgesehen, und Silvia Heinrich ging nach Wien, um hier Karriere zu machen.

Doch manchmal führt das Leben klug Regie und ordnet die Dinge, so wie sie gehören. Warum es dann dennoch fast zehn Jahre gedauert hat, bis sich Silvia Heinrich – gleichsam als Quereinsteigerin – ihrer eigentlichen Berufung besonnen hat?

„Der Wunsch heimzukehren ist immer mehr gewachsen."

***„Ich wollte ja eigentlich schon als Kind Weinbäuerin werden, aber vor fünfzehn Jahren ist das noch nicht denkbar gewesen, die Zeit war nicht danach."***

Damals ist alles zusammengekommen. Zuerst hat der Kärntner Abfüllbetrieb, dem die Heinrichs ihre Weine in Fässern geliefert haben, von einem Tag auf den anderen den Vertrag gekündigt, und ihr Vater musste auf die Abfüllung in Flaschen umstellen. Dann hatte die Mutter einen schweren Unfall, ihr Bruder, der Hoferbe hat sich zu einem neuen beruflichen Ziel durchgerungen. Der Vater, erinnert sich Silvia, „ist allein dagestanden, denn wir sind ja immer ein Familienbetrieb gewesen. Er hat monatelang rund um die Uhr gearbeitet."

***Bereits seit 300 Jahren betreibt die Familie Landwirtschaft und Weinbau.***

Der ganze Stolz gilt dem Weingarten in der Riede Goldberg, der bereits 1947 ausgepflanzt wurde und wo der Parade-Blaufränkisch der Heinrichs gedeiht.

Seit 1992 führen Gerti, Johann und Tochter Silvia Heinrich gemeinsam den Betrieb und haben ihr Weingut zu einem der führenden des Burgenlands gemacht. Dutzende nationale und internationale Prämierungen bestätigen den erfolgreichen Weg und das Flaggschiff des Betriebes, die Cuvée terra o. wurde schon zweimal vom US-Magazin „Wine Spectator" zum besten Rotwein Österreichs gekürt.

Auch bei den „11 Frauen und ihre Weine" hält Silvia Heinrich seit zwei Jahren sehr erfolgreich die Fäden in der Hand: „So ein Umschwung in der Winzerszene muss geplant sein!"

Aber nicht nur Wein, sondern auch die Liebe zur Musik spielen im Hause Heinrich eine große Rolle.

Zum 100sten Geburtstag des großen Dirigenten Herbert von Karajan wurde ihm zu Ehren ein neuer Wein „komponiert" – der „Maestro".

***„Wie ein Dirigent die Musiker seines Orchesters zu einem symphonischen Klangbild führt, so versucht auch ein Winzer beim Cuvéertieren Weine verschiedener Rebsorten harmonisch zu verbinden."***

Auch als Köchin ist Silvia leidenschaftlich, kocht mit Leib und Seele. Wenn Gäste kommen oder bei Präsentationen macht Silvia gerne ihre traditionsreichen Salzstangerln. „Das hat bei uns im Mittelburgenland Tradition."

„Man muss immer wieder das Unmögliche versuchen, um das Mögliche zu erreichen."

*„Jede Familie hat ihre eigenen Rezepte für die Salzstangerln, die werden überliefert von Generation zu Generation, werden gesammelt und ausgetauscht."*

Da sieht jedes Salzstangerl anders aus und schmeckt auch anders und dazu ein Glas Terra o., da gibt's nichts Besseres.

## WEINGUT FAMILIE J. HEINRICH

Karrnergasse 59
A-7301 Deutschkreutz
Tel. +43 (0)2613 89615
E-Mail: office@weingut-heinrich.at
www.weingut-heinrich.at

## TERRA O. 2006

13,5 % Vol.Alc.

terra o. (terra oppidorum) ist die lateinische Bezeichnung für das Burgenland. Prominenter Pate und Namensgeber ist Bundespräsident Dr. Heinz Fischer. Die Cuvée aus Blaufränkisch, Cabernet Sauvignon, Merlot, Syrah und Pinot noir ist eine gelungene Symbiose aus autochthonen und internationalen Rebsorten. Saftig-füllige Dichte, wunderbar kraftvoll, eine richtige Fruchtbombe, prachtvoll strahlend, harmonische Vanille, ganz ausgezeichnet.

# SALZSTANGERLN NACH REINFELD OMA

**Für 4 Personen:**

*1 Pkg. Hefe*
*1 TL Zucker*
*1 kg Mehl*
*500 ml Milch*
*125 g Butter*
*250 g Schlagobers*
*60 ml Öl*
*2 Eier*
*1 TL Salz*
*gemahlener Kümmel*
*1 Ei*
*Salz, Kümmel ganz, Sesam*

1. Hefe, Zucker, eine Prise Salz und 2 TL Mehl mit etwa 60 ml lauwarmer Milch zu einem Dampfl verrühren, 5–10 Minuten an einem warmen Ort gehen lassen.
2. Butter und Öl in der restlichen Milch auflösen, mit dem Dampfl, Mehl, Eiern, Schlagobers, Kümmel und Salz in einer Schüssel vermengen und zu einem glatten Teig verkneten. Etwa 1/2 Stunde gehen lassen, anschließend in 8 Stücke teilen und diese kreisförmig ausrollen. Die Kreise wieder in 8 Stücke schneiden und diese zu Salzstangerln drehen. Mit Ei bestreichen und nach Belieben mit Salz, Kümmel oder Sesam bestreuen.
3. Auf ein mit Schmalz bestrichenes Backblech legen und im vorgeheizten Rohr auf einem gefetteten Backblech bei 180–200 °C goldbraun backen.

# WALTRAUD REISNER-IGLER

## DIE UNERSCHROCKENE

***Hans Igler ist heute noch der „Doyen des burgenländischen Rotweines", ein Pionier von großer Weisheit und Voraussicht.***

Ein burgenländisches Weingut in den frühen 1960ern: Anstatt wie allerorts üblich, Fasswein in möglichst großen Mengen zu produzieren, verlässt Hans Igler die gewohnten Wege und strebt bewusst nach Qualität. Bereits Mitte der 1970er Jahre war er einer der Ersten, der damit begann, seine Weine nicht nur trocken auszubauen, sondern sie auch in die Bouteille abzufüllen. Hans Igler war einer der ersten Österreicher, der mit Barriques arbeitete.

***Als er 1981 gemeinsam mit der Vinothek St. Stefan 36 gebrauchte Fässer von Château Latour kaufte, um seinen Blaufränkisch in original französischen Barriques auszubauen, da zählte er zur – vorerst belächelten – Avantgarde.***

Doch auch in der Vinifizierung war der Rotwein-Pionier seiner Zeit weit voraus. Was heute Selbstverständlichkeit in der Weinbereitung und Kellertechnik ist, kam in den 80er Jahren einer kleinen Revolution gleich.

Die Einführung des biologischen Säureabbaus beim Rotwein etwa und die rigorose Mengenbeschränkung ließen den genialen Vordenker manchmal an damalige Grenzen gehen.

Doch sein internationaler Horizont und die ersten Prämierungen, wie etwa beim Rotwein-Wettbewerb des Magazines „Falstaff" – er holte er sich von 1981 bis 1983 Siege in Serie – bestätigten seinen mutigen Weg.

Wer denkt, er hätte nun sein Ziel erreicht, der irrt. Denn das Bessere ist immer der Feind des Guten. Mit ein Grund für den Erfolg des Weingutes Hans Igler.

Seit 1994 hat Tochter Waltraud Reisner-Igler, ausgebildete Kellermeisterin, gemeinsam mit ihrem Mann Wolfgang Reisner, einem Quereinsteiger, die Herausforderung angenommen und den erfolgreichen Weg fortgesetzt. Eine Vielzahl von Auszeichnungen in den folgenden Jahren bestätigten die Richtigkeit von Iglers Qualitätsstreben bis heute eindrucksvoll.

Schon als junges Mädchen hat Waltraud in den Weingärten mitgearbeitet und viele Ideen des Vaters von Anfang an mitgetragen.

So auch die Tradition, Kunst und Wein zu verbinden. Seit Mitte der 80er Jahre zeichnet der berühmte fantastische Realist Anton Lehmden für die Etiketten des Weingutes verantwortlich, eine Freundschaft, die mit dem Etikett der Cuvée Vulcano begonnen hat und im „ab ericio" einen neuen Höhepunkt fand.

Auch Kochen ist für Waltraud eine Herausforderung, denn „das Essen muss zum Wein passen und nicht umgekehrt".

***Gutes Essen ohne guten Wein ist für sie schlicht unvorstellbar und „Köche, die keinen Wein trinken, sind auch sehr einseitig in ihrer Küche!"***

Aber da besteht ja im Hause Reisner-Igler keine Gefahr.

„Stillstand ist Rückschritt."

Hans Igler

WEINGUT HANS IGLER
FAMILIE REISNER-IGLER

Langegasse 49
A-7301 Deutschkreutz
Tel. +43 (0)2613 80 365
E-Mail: info@weingut-igler.at
www.weingut-igler.at

## BLAUFRÄNKISCH HOCHBERG 06

13,7 % Vol. Alc., Mittelburgenland DAC

Kräftiges Rubingranat mit violetten Reflexen, zarter Wasserrand. In der Nase balsamisch, tabakig unterlegtes Brombeerkonfit, zart nach Dörrobst. Am Gaumen lebendig, saftige Zwetschkenfrucht, zitronig unterlegte Textur, mittlerer Körper, bereits rund und trinkbar.

# LUNGENBRATEN MIT LAUCH-GRIESS-TALER UND BLATTSPINAT

**Für 4 Personen:**

*4 Stk. Lungenbraten vom Kalb oder Schwein à 160 g*

*Olivenöl, Butter*

*Wurzelgemüse*

*1 Zwiebel*

*passierte Tomaten*

*125 ml fruchtiger Rotwein, z. B. Blaufränkisch Hochberg*

*Kalbsfond*

*Salz, Pfeffer*

*Rosmarin*

**Lauch-Grießtaler:**

*500 ml Milch*

*50 g Butter*

*150 g Grieß*

*1 Stange Lauch*

*2 Eier*

*Salz, Pfeffer, Muskatnuss*

*Öl zum Anbraten*

**Blattspinat:**

*500 g Blattspinat*

*Salz, Pfeffer*

*Knoblauch*

*1.* Den Lungenbraten vorbereiten, salzen und pfeffern und in einer Olivenöl-Butter-Mischung beidseitig kurz anbraten. Anschließend im vorgeheizten Backrohr bei 70–80 °C ruhen lassen. Im verbleibenden Bratfett die Fleischabschnitte, das klein geschnittene Wurzelwerk und die Zwiebel rösten, die Tomaten zugeben und nochmals kurz rösten. Mit Rotwein aufgießen und zur Gänze reduzieren, anschließend mit Kalbsfond aufgießen, Salz, Pfeffer und Rosmarin zugeben. Eventuell mit Maizena leicht binden und 5–10 Minuten köcheln lassen. Durch ein feines Sieb abseihen und abschmecken.

*2.* Für die Grießtaler Milch und Butter zum Kochen bringen, Grieß unter ständigem Rühren mit einem Schneebesen einrieseln lassen. Wenn die Masse eingedickt ist, mit dem Kochlöffel kurz durchrühren und überkühlen lassen. Den Lauch kurz anrösten und in die erkaltete Grießmasse geben. Die Eier unter die Masse mischen, mit Salz und Muskatnuss würzen. Laibchen formen und in einer flachen Pfanne mit wenig Fett beidseitig braten.

*3.* Den Blattspinat gründlich waschen und trocken schleudern. Eine trockene Pfanne mit einer Knoblauchzehe ausreiben. 80 g Spinat in der Pfanne heiß werden lassen, den restlichen Spinat zugeben, salzen, pfeffern und mit einer Fleischgabel gut durchrühren. Wenn der Spinat zusammenfällt, sofort anrichten.

# IRMGARD KIRNBAUER

## DIE RASSIGE KÖCHIN

Wenn man auf der Terrasse sitzt, umgeben von blühendem Oleander, mit dem herrlichen Blick auf den nur wenige Kilometer Luftlinie entfernten See, Weinlandschaft umringt von sanften Hügeln, soweit das Auge reicht, dann könnte das Weingut auch ein kleines Castello in der Toskana sein.

***Es ist sehr mediterran, das Weingut Kirnbauer in Deutschkreutz und verzaubert den Gast mit dieser fröhlichen, fast südländischen Gastlichkeit.***

Gastfreundschaft wird groß geschrieben im Hause Kirnbauer, und die Kochkünste der Hausherrin Irmgard Kirnbauer sind ein offenes Geheimnis. Auf Tischkultur legt sie allerhöchsten Wert, wenn Gäste da sind oder die ganze Familie versammelt ist, da wird der Tisch zur Tafel. Mit eigenen Platztellern, Serviettenringen, Damast-Servietten und dem schönen Besteck, alle mit dem „K+K" Symbol, wird große Tischkultur gelebt, da wird getafelt und getrunken. „Vom Aperitiv zum Digestiv", lacht die Winzerin, „ich entfalte mich in der Küche".

***Kochbücher hat sie zwar viele, aber selten hält sie sich an die vorgegebenen Rezepte. „Ich koche à la Irmgard, immer mit ein wenig Schärfe!"***

Alles wird verfeinert mit Chili, Irmgard setzt sogar ihre Öle mit Chili und verschiedenen Gewürzmischungen an. „Ich probiere gerne Neues aus, ich bin eine Neugierige."

Nicht nur neugierig, sondern auch tatkräftig ist die quirlige Winzerin, die 1979 gemeinsam mit ihrem Mann Walter mit den von beiden Eltern geerbten Weingärten begonnen hat. Damals wurden die Weine noch einfach in Doppler gefüllt, bis zum Weinskandal, der für das Mittelburgenland ein Umdenken gebracht hat. „Das war unser Sprungbrett, die Chance zur Qualität, weil die Konsumenten umgedacht haben", sagen die beiden heute.

Schon 1985 wurde mit dem Ausbau im Barrique experimentiert, heute stammen die Fässer teilweise aus dem Holz der eigenen Wälder im Girm, einem Ortsteil von Deutschkreutz.

***„Dieses Holz ist unverwechselbar", erzählt Walter Kirnbauer stolz, „im Girmer Barrique aus 80-jähriger Weiß-Eiche reift unser Zweigelt aus den alten, 50-jährigen Weingärten."***

Mit dem 1997er Blaufränkisch Goldberg kam der große Durchbruch, und mittlerweile ist das Weingut Kirnbauer nicht nur berühmt für die Cuvée Phantom, ein Wein mit großem Zukunftspotenzial, sondern auch international mehrfach preisgekrönt für seine Weine.

***„Kirnbauer Kaiser ist unser Spitznamen, von K+K, daher hab ich diese Eigenkreation auch so genannt", lächelt Irmgard.***

Eines ihrer Lieblingsrezepte ist das „Kaiser-Schnitzel. Sie weiß dann, dass ihre Gäste es lieben, ein bisserl scharf, und mit einem Glas Phantom auf der Terrasse sitzen und mit der Seele baumeln …

„Bewahre nichts für einen besonderen Anlass,
denn jeder Tag, den du lebst, ist ein besonderer Tag."

## WEINGUT K+K KIRNBAUER

Rotweinweg
A-7301 Deutschkreutz
Tel. +43 (0)2613 89722
E-Mail: kirnbauer@phantom.at
www.phantom.at

## DAS PHANTOM 06

13,5% Vol. Alc.

Diese Rotwein-Cuvée ist eine dunkelgranatrote Vermählung aus Blaufränkisch, Merlot, Cabernet Sauvignon und erstmals Syrah. Vielschichtige, interessante Nase mit Waldbeer-Preiselbeer-Note, feine Röstaromen aus 18-monatiger Barrique-Lagerung im Verbund mit zarten floralen Anklängen; elegante Cassisfrucht am Gaumen, sehr finessenreich und vollmundig mit langem Abgang.

# KAISER-SCHNITZEL

**Für 4 Personen:**

*8 Stk. Karreeschnitzel*

*200 g fleischiger Speck (Bauchfleisch)*

*1 Zwiebel*

*1 Bund Petersilie*

*250 g Eierschwammerln oder Steinpilze*

*1-2 Knoblauchzehen*

*etwas glattes Mehl*

*etwas Rotwein*

*Salz, Pfeffer*

*Muskatnuss*

*Suppengewürz*

*2-3 Chilischoten*

*1.* Eine beschichtete Pfanne erhitzen und den klein würfelig geschnittenen Speck darin knusprig auslassen. Die gehackte Zwiebel, den Knoblauch und nach Geschmack fein geschnittene Chilischoten hinzufügen und hellbraun rösten, die Pilze zugeben, kurz weiterrösten und gehackte Petersilie untermengen. Mit etwas Mehl stauben und mit Wasser und Rotwein ablöschen. Mit Salz, Pfeffer, Muskatnuss und etwas Suppengewürz bschmecken.

*2.* Die Karree-Schnitzerln leicht klopfen, mit einer Seite in Mehl tauchen und auf dieser Seite zuerst in einer Pfanne braten, wenden und auf der anderen Seite ebenfalls kurz braten. Die Schnitzerln mit der Sauce anrichten. Dazu passen Erbsenreis oder Bratkartoffeln und Salat.

# JOSEF PFNEISL

## DER SAMMLER

*„Born to make wine" – das ist nicht bloß ein Bekenntnis, das ist eine Lebensaufgabe, wer das sagt, der greift nach den Sternen. Die „Shiraz-brothers", die Brüder Pfneisl, haben sich diesen Traum erfüllt.*

„Die Natur und unsere Leidenschaft zum Wein wollen wir nutzen und große, eigenständige Weine vinifizieren, um der Welt zu zeigen, was Terroir und Menschen in Österreich hervorzubringen imstande sind."

Bereits seit dem 19. Jahrhundert betreibt die Familie Landwirtschaft und Weinbau. Während man sich jedoch zuvor kaum von den anderen Betrieben der Gegend unterschied, hat das Weingut in den letzten 15 Jahren einen Wandel durchgemacht, den sich die Altvorderen wohl nicht hätten träumen lassen. Anfang der 90er Jahre erfolgte die Hofübergabe des 15 Hektar umfassenden Anwesens zu je einem Drittel an die Brüder Franz, Sepp und Gerhard. Da die zersplitterten Flächen den einzelnen Geschwistern kaum einen betrieblichen Bestand gesichert hätten, kaufte jeder von ihnen in der Umgebung von Kleinmutschen bei Lutzmannsburg landwirtschaftlichen Grund zu und stockte die Rebfläche erheblich auf.

*Im Jahre 1999 legten die Brüder Franz, Josef und Gerhard Pfneisl den Betrieb zusammen und nannten ihn fortan „United Vineyards", da der Name Pfneisl für viele Kunden, vor allem in Übersee, schlichtweg unaussprechlich war.*

Die Auspflanzung der ersten 300 Shiraz-Rebstöcke auf Pfneisl'scher Scholle lösten einen wahren Boom dieser Sorte aus und den brachte ihnen die Bezeichnung „Shiraz-Brothers" ein. „Shiraz war mein persönliches Steckenpferd", erzählt Joe, wie ihn die Freunde nennen.

Heute bewirtschaften die „United Vineyards" mehr als 100 Hektar Weingärten und schreiben in brüderlicher Einigkeit Erfolgsgeschichte – Franz im Weingarten, Gerhard im Keller und Joe in der Vermarktung.

Josef Pfneisl, der ausgebildete Önologe, war lange als Weinmacher und Weineinkäufer für große Weinfirmen rund um den Erdball unterwegs. Bei Mondavi und Rothschild, „da hab ich gesehen, wie locker die mit Herausforderungen umgehen. Das war der Start, die Vision von United Vineyards", erzählt der Globetrotter. Das Erfolgsrezept der Shirazbrothers sei gar kein großes Geheimnis: „Wir hatten eine realistische Vision und haben uns eine Nische gesucht. Durchhalten, aufstehen, nicht aufgeben. Es reicht nicht, so zu sein wie alle anderen."

*Früher war er Sammler großer Weine, hat alles gehortet, was Rang und Namen hatte in der Weinwelt, ist schon mal um den halben Globus gereist auf der Suche nach dem ultimativen Wein.*

„Das war schon fast eine Sucht. Ich hab mein ganzes Geld in Weine investiert, fast wie ein Spieler …"

Er hat seine Weine gehütet wie einen Gral, die Flaschen aufbewahrt fast wie Trophäen. Heute steckt er seine ganze Leidenschaft in das eigene Weingut und dessen internationale Vermarktung.

Es war ein langer Weg zur eigenen „winery" am Hexenberg, „einem fast mystischen Platz, weil da immer die Pferde durchgegangen sind".

„The Estate of the Art“, die neue Design-Kellerei mitten in den Weinbergen, ginge mit der visionären Tastinglounge glatt als Designerrestaurant in New York City oder LA durch. Auch die weitläufigen Rebanlagen rund um den Bau lassen kalifornisches Feeling à la Napa Valley aufkommen.

„Wein muss inszeniert werden und wir haben ihm hier seine Konzerthalle gebaut.“

*„Mein Körper verlangt nach Genuss, ich freue mich auf jedes Essen, aber ohne Wein macht Essen keinen Spaß.“*

Josef ist ein Genussmensch durch und durch. Er kocht gerne selbst, aber immer mit Wein: „Zuerst koste ich den Wein, dann die Speise und im Kopf entsteht ein Bild. Mich faszinieren die tausend Geschmacksvarianten …“

Doch der Erfolg hat ihn auch fürsorglich gemacht: „Man muss immer schauen, dass man andere unterstützt, und die nicht vergisst, denen es nicht so gut geht …“

„Die nicht vergessen, denen es nicht so gut geht.“

## FAMILIE PFNEISL – UNITED VINEYARDS

Gutshof
A-7452 Kleinmutschen
Tel. +43 (0)2615 812 99
E-Mail: shirazbrothers@wine-pentagon.com
www.wine-pentagon.com

## SHIRAZ „MARIA'S VINEYARD" 2005

13,5% Vol. Alc., trocken.
Ein Vollblut-Shiraz, wie er im Bilderbuch steht: dichter Körper, vollfruchtige Aromatik mit einem Touch schwarzer Oliven, prachtvolle Struktur; von französisch-eleganter Ausstrahlung. Ein mächtiger reifer Rotwein muss dieses würzige Fleischgericht begleiten.

# FILETSTEAK IN MUTSCHNER SHIRAZ-SAUCE

**Für 4 Personen:**

*30 g getrocknete Steinpilze*
*4 Rinderfiletsteaks (à 180 g)*
*2 EL kaltgepresstes Olivenöl*
*2 gehackte Knoblauchzehen*
*250 ml Shiraz*
*1 EL Tomatenmark*
*1 EL frische Kräuter (Basilikum, Majoran, Oregano, Rosmarin)*
*1 EL Wacholderbeeren*
*1 EL Kapern*
*Salz*
*frisch gemahlener Pfeffer*

1. Die Pilze in einer Schüssel mit warmem Wasser bedecken, 30 Minuten einweichen, anschließend abgießen und fein schneiden.
2. In einer großen, schweren Pfanne das Olivenöl bei mittlerer Temperatur erhitzen, den Knoblauch zugeben und die Steaks 2 Minuten auf jeder Seite anbraten. Die Hitze etwas reduzieren, den Wein, Tomatenmark, Kräuter, Wacholderbeeren und die Pilze zu den Steaks geben, mit Pfeffer und Salz würzen, zudecken und 10 Minuten köcheln lassen. Die Steaks mit der Sauce auf einer Platte anrichten und sofort servieren.

# HERBERT PRICKLER
## DER AUSGLEICHENDE

*Als halber Ungar liegt ihm die feurige Küche im Blut, richtig schmecken tut es Herbert Prickler erst, „wenn's griffig" ist, also das Gericht „Griff", Schärfe und Biss hat.*

Je feuriger, desto lieber, und auch die Suppe muss brennen, nämlich brennheiß serviert werden, lauwarme Sachen sind nicht seine Welt. So feurig und leidenschaftlich er auch in der Küche sein mag, beim Wein bevorzugt Herbert Prickler eher das Weiche, Runde, Trinkfreudige.

Das Rotweingut Prickler ist ein Spezialist für Rotwein-Vinifikation, allen voran die Leitsorte, der Blaufränkisch DAC. Pannonisches, mildes Klima mit den meisten Sonnenstunden des Burgenlandes verwöhnen die Weingärten am „Lutzmannsburger Hochplateau."

Der Weinbau in Lutzmannsburg reicht in seinen frühesten Wurzeln bis in die vorrömische Zeit, also mehr als zwei Jahrtausende zurück.

*Urkundlich belegt ist der Lutzmannsburger Weinbau seit 1218 und somit ist Lutzmannsburg die älteste, urkundlich erwähnte Weinbau-Gemeinde des Burgenlandes.*

In den vergangenen Jahrhunderten bildete der Weinbau die wichtigste Wirtschaftsgrundlage des Ortes und ist es bis heute geblieben. Zu Beginn des 13. Jahrhunderts war bereits die gesamte Fläche des heutigen Weingebirges, der „Sonnberg", mit Reben bepflanzt! Als einer der ersten burgenländischen Weinbauorte erhielt Markt Lutzmannsburg das Recht, seinen Eigenbauwein ins Ausland zu verkaufen. Der Weinhandel setzte voraus, dass der Wein von außerordentlicher Güte war und von den Fremden sehr geschätzt wurde. Und auch das hat sich seit Jahrhunderten nicht verändert!

Als Elfi und Herbert Prickler in den 80er Jahren mit einem winzig kleinen Weingarten, einem Viertel Hektar, begannen, haben sie wohl nicht zu träumen gewagt, 25 Jahre später zu den besten Rotweingütern Österreichs zu gehören.

Elfi, die „Herrin der Weingärten", kennt jede Rebe persönlich, und Herbert ist der „Küchenchef" und Kellermeister.

Das Verkosten hat er noch bei Legende Hans Igler gelernt.

*„Wenn man nicht kosten kann, kann man auch keinen guten Wein machen", ist Herbert Prickler heute noch überzeugt.*

Das Kosten zieht sich durch sein ganzes Leben, auch in der Küche ist er gerne der Verkoster, der darauf achtet, dass sich die Geschmacksnuancen von Wein und Speisen immer die Balance halten.

Sein Lieblingsrezept, der Zwiebelrostbraten ist „tränenreich": „Beim Zwiebelschneiden kommen mir oft die Tränen", lacht er, aber auch das „erös pischta", das ungarische Gewürz, kann Ungeübten leicht den Schweiß auf die Stirn treiben.

„Das macht nichts, das löscht man wunderbar mit einem Glas Blaufränkisch Sonnberg."

„In der Lebens- und Geschäftsbeziehung sollen immer beide Partner lachen können!“

## ROTWEINGUT HERBERT & ELFI PRICKLER

Bachgasse 4
A-7361 Lutzmannsburg
Tel. +43 (0)2615 87742
E-Mail: rotweingut@prickler.at
www.prickler.at

## BLAUFRÄNKISCH SONNBERG 06

13,5 % Vol. Alc., Mittelburgenland DAC

Selektionierte Trauben und ein langer Ausbau in Barriques aus Lutzmannsburger Eiche prägen diesen kräftigen, finessenreichen und sehr lagerfähigen Wein. Dunkles Rubingranat, in der Nase reife einladende Frucht, am Gaumen sehr harmonisch eingebundene, saftig-weiche Holzkomponenten – finessenreich und balanciert ausklingend.

# ZWIEBEL-ROSTBRATEN

**Für 4 Personen:**

*1 kg Rostbraten, geschnitten*

*scharfer Senf*

*Salz, schwarzer Pfeffer aus der Mühle*

*2 Zwiebeln*

*1 Knoblauchzehe*

*1 EL Tomatenmark*

*1 TL Erös Pista (scharfe ungarische Paprikapaste)*

*einige getrocknete Steinpilze*

*250 ml trockener Rotwein (Blaufränkisch Sonnberg)*

*250 ml Rindsuppe (evtl. Suppenwürfel)*

*glattes Mehl*

*2 große Zwiebeln*

*Öl*

*1.* Die Rostbratenscheiben leicht klopfen, an den Rändern etwas einschneiden, auf einer Seite mit Senf bestreichen und mit Salz und Pfeffer würzen. Mit der bestrichenen Seite zuerst in eine Pfanne mit heißem Öl geben und rasch auf beiden Seiten anbraten. Den Bratensatz mit Rindsuppe ablöschen und über den Rostbraten gießen.

*2.* Steinpilze in Wasser einweichen. Zwiebeln nicht zu fein schneiden und in einer zweiten Pfanne mit heißem Öl goldbraun anbraten, Knoblauch fein hacken und zugeben. Tomatenmark und Erös Pista einrühren und braun anrösten. Steinpilze abgießen und zugeben. Nach und nach mit Rotwein ablöschen und mit Rindsuppe aufgießen. Die Sauce zum Fleisch geben und zugedeckt langsam etwa 1 1/2 Stunden dünsten lassen.

*3.* Anschließend das Fleisch aus der Pfanne nehmen und warm stellen. Etwas Mehl in Rotwein verquirlen und die Sauce damit binden, nochmals kurz aufkochen lassen und abschmecken.

Große Zwiebeln in Ringe schneiden, mit Mehl stauben und schwimmend in heißem Fett goldgelb backen, auf Küchenpapier abtropfen lassen. Die Rostbratenscheiben mit der Sauce anrichten und mit den Zwiebelringen garnieren. Als Beilagen schmecken dazu Petersilienerdäpfel und grüner Salat.

### *TIPP:*

Zu einem Gericht sollte man grundsätzlich den gleichen Wein trinken, mit dem man es zubereitet. Das hat auch den Vorteil, dass man die geöffnete Flasche weiter trinken kann.

# ILLA SZEMES
## DIE ALLEINERZIEHERIN

***Sie sprüht vor Leben, Kraft und Optimismus: Illa Szemes lässt sich nicht unterkriegen.***

Mit viel Liebe, großem Können, viel Gespür, Mut und der richtigen Prise Eigensinn führt die „Alleinerzieherin", wie sie sich selbst bezeichnet, seit nunmehr 7 Jahren das Lebenswerk ihres Mannes Tibor Szemes sehr erfolgreich weiter.

Dabei war ihr Weg als „Winemakerin" keineswegs vorgezeichnet. Illa Szemes, gebürtige Oberösterreicherin, studierte in Wels auf dem Tourismus-College, als sie auf der Welser Messe Tibor Szemes kennen und lieben lernte. 1984 wird geheiratet, 1985 macht Illa ihr Diplom und zieht zu Tibor nach Pinkafeld. Gemeinsam vergrößern sie nicht nur die Familie um zwei gemeinsame Kinder, sondern produzieren auch ausgezeichneten Wein.

Illa lernt rasch, wird selbst Kellermeisterin und eine begnadete Verkosterin: „Es vergeht kaum ein Tag, an dem ich nicht Wein im eigenen Keller verkoste und auf seine Qualität überprüfe."

***„Ich beobachte die Weine, spiele mich gerne und hab schon ein Bild im Kopf, wie der Wein werden soll."***

Heute vinifiziert das Weinhaus Szemes die Eigenmarken Blaufränkisch TRADITION und den Blaufränkisch IMPERIAL C.S, einen großen Blaufränkisch, 16 Monate im neuen Barrique-Fass gereift. Die Weine tragen ihre Handschrift, ganz persönlich: „Der Blaufränkisch ist ein sturer Wein, der viel mit sich machen lässt, aber trotzdem immer seinen Charakter bewahrt." Es ist nicht umsonst ihr Lieblingswein, passen die beiden doch perfekt zueinander. Auch Illa lässt sich nicht unterkriegen, auch wenn das in dieser typischen Männerdomäne oft nicht einfach ist: „Ich will mich nicht anpassen, ich will was bewegen, zu meiner Meinung stehen, auch wenn es oft nicht die allgemeine Meinung ist", sagt die junge Mutter mutig.

Illa, die von Anfang an in alle Projekte involviert war, führt seit dem frühen Tod ihres Mannes 2001 in seinem Sinne fort, „was Tibor begonnen hat, seine Ideen sollen weiterleben".

Tibor Szemes hatte als gebürtiger Ungar schon früh in den 60er Jahren den Weinhandel mit ungarischen Weinen begonnen. In den 80er Jahren vertiefte sich sein Kontakt mit den Winzern in Horitschon, denn schon früh hatte Pionier Tibor das Potenzial der dortigen Weine erkannt und nach modernen Ausbau- und Absatzmöglichkeiten gesucht. Er verstand es, die Weinbauern, die teilweise in den 70er Jahren noch mit antiquierten Methoden „Fassware" produziert hatten, von seinen Qualitätsvorstellungen zu überzeugen. Tibor Szemes hatte für viele kleinere Weinbauern, die gewillt waren, den Ertrag ihrer Weingärten massiv zu reduzieren und zu selektionieren, eine interessante Alternative gefunden.

***Die wahrscheinlich größte Vision des „Doyens des burgenländischen Weines" war das Projekt ARACHON T.FX.T.***

Einen großen österreichischen Rotwein zu produzieren, in dem sich das Know-how und die Erfahrungen der drei großen Winzerpersönlichkeiten F.X. Pichler, Manfred Tement und Tibor Szemes widerspiegeln sollten. ARACHON, übrigens die altslawische Bezeichnung von Horitschon, wurde in den frühen 90er Jahren in vielen Gesprächen geboren, binnen weniger Wochen waren dann die ersten Verträge mit den Vereinten

Winzern Horitschon geschlossen und 1996 wurde der erste Jahrgang dieses außergewöhnlichen Weines präsentiert. Der Rest ist Geschichte, eine der größten Erfolgsgeschichten des österreichischen Weinbaus der letzten Jahrzehnte. Illa Szemes führt dieses Projekt im Sinne einer Lebensaufgabe weiter und besitzt die wunderbare Gabe, ihre Leidenschaft vollendet in den Wein einfließen zu lassen.

Wann immer Gäste kommen, kocht die begeisterte Gastgeberin mit großer Liebe, vor allem ungarisch, am liebsten das Szegediner Gulasch nach einem alten Familienrezept.

Leidenschaftlich ist sie nicht nur beim Wein, sondern auch beim Genießen.

*„Man merkt beim Essen, wie jemand mit seinen Gefühlen umgeht, ob er genießen kann oder nur satt werden will. Ich lasse mich gerne verführen zum Essen und Trinken, das ist ein Weg hin zu einer Begegnung …“*

„Ich will mich nicht anpassen, ich möchte was bewegen.“

## WEINKELLEREI TIBOR UND ILLA SZEMES

Weinhoferplatz 7
A-7423 Pinkafeld
Tel. +43 (0)3357 42367
E-Mail: tibor.szemes-wein@aon.at
www.szemes.at

## BLAUFRÄNKISCH IMPERIAL C.S. 2006

13,5 % Vol. Alc., Barrique

Kräftiges Rubingranat, jugendliche Reflexe, zarte Randaufhellung. In der Nase feines Brombeerkonfit, etwas Cassis und Lakritze, einladende Frucht, zarte Gewürznoten klingen an, tabakige Würze. Am Gaumen saftig, elegant, frische dunkle Beerenfrucht, gut integrierte Holznote, angenehme Extraktsüße, finessenreich strukturiert, etwas Brombeeren und Cassis auch im Abgang, mineralischer Nachhall, gutes Reifepotenzial, bereits jetzt schön zu trinken.

## SZEGEDINER GULASCH

**Für 4 Personen:**

*1 kg Schweinefleisch (von Schulter oder Hals)*

*3 Zwiebeln*

*1 Knoblauchzehe*

*Paprikapulver*

*1 EL Tomatenmark*

*etwas Suppe*

*1 kg Sauerkraut*

*500 ml Sauvignon Blanc*

*Kümmel, ganz*

*3 Lorbeerblätter*

*3 Wacholderbeeren*

*Salz, Pfeffer*

*250 ml Crème fraîche*

*125 ml Schlagobers*

*1 EL Maizena*

*1 rote Paprikaschote*

1. Nudelig geschnittene Zwiebeln und Knoblauch in heißem Schmalz goldgelb rösten, das Tomatenmark mitrösten, Paprikapulver untermmischen, kurz verrühren und mit Suppe aufgießen. Das würfelig geschnittene Fleisch zugeben und mit Salz und Pfeffer abschmecken.
2. Das Sauerkraut wässern, separat zustellen und mit dem Sauvignon Blanc weich dünsten. Mit Kümmel, Lorbeerblatt und Wacholder würzen; die Gewürze am besten in einen Teesack füllen und diesen zum Kraut geben.
3. Das fertig gegarte Fleisch und das Kraut miteinander vermengen. Schlagobers und Crème fraîche mit Maizena glatt rühren und das Szegediner Gulasch damit binden. Zum Schluss die rote Paprikaschote in dünne Streifen schneiden und unterheben.
4. Das Gulasch heiß servieren. Frisches Weißbrot oder Salzkartoffeln sind eine tolle Ergänzung.

# FRANZ-REINHARD WENINGER

## DER NATURNAHE

*„Kochen ist Privatzeit, Zeit für mich selbst. Essen ist der Ausgangspunkt des Lebens – was du isst, das bist du."*

Das ist gelebte Philosophie in der Familie Weninger, besonders von Franz Reinhard, dem Junior.

Gesunde Ernährung ist im Weingut Weninger nicht nur für den Menschen wichtig, sondern auch für die Weingärten.

In der Kellerei riecht es nicht nach Wein, sondern duftet köstlich nach Heublumen und Kräutern. In großen, handgefertigten Holzkisten lagern die verschiedenen Teesorten, aus denen Franz Weninger mit seinem Sohn Franz Reinhard selbst die biologischen Spritzmittel für die Weingärten herstellt, für jede Krankheit ein eigenes Kraut.

Weni(n)ger ist mehr, Geduld und Zurückhaltung im Weingarten und Keller bringen jenes gewisse Etwas in den Weinen zum Vorschein, das unverfälschte Terroir, für das der Name Weninger zum Synonym geworden ist. Der Weg zur biodynamischen Bewirtschaftung 2006 war ein „Individualisierungs-Prozess, man lernt selbst Lösungen für seine Probleme zu finden", sagt Franz-Reinhard.

In den Holzgärbehältern im Keller sind nur Hefen aus den eigenen Weingärten im Einsatz, die Ruhezeiten in den kleinen Holzfässern lassen die Weine zu harmonischen Gesamtkunstwerken reifen. Aber auch im Weingarten selbst herrscht Leben.

*„Bei den Weningers da flattern auch noch Schmetterlinge und rasten auf bunten Blüten. Würmer lockern die Erde auf, Duft liegt in der Luft. Es ist einfach gut, hier zu sein", schrieb der „decanter" 2007.*

Begrünung und Rückzugsbereiche als Lebensraum für Insekten, Nistkästen für Vögel, Kompost für Würmer, aber auch die Beschäftigung mit Nutztieren sind ein kleiner Versuch, wieder Stück für Stück das Wissen der Vorfahren zu erlangen. Auch das Wissen um die Mondphasen: Gefüllt wird bei Vollmond, „da explodiert die Frucht im Glas", lagerfähige Weine erst bei Neumond, „damit der Wein die Frucht konzentriert und nicht zu früh zeigt!"

Franz Weninger gehört mittlerweile zu den ganz großen Winzerpersönlichkeiten des Burgenlandes. 1982 übernahm der damals 30-Jährige das Weingut der Eltern und schon im ersten Jahr gelang ihm mit dem Blaufränkisch Kabinett 83 der Einstieg in die internationale Weinszene.

### *Von Horitschon aus sieht man nicht nur weit ins Land, sondern auch über die Grenze.*

Franz Weninger bewies schon früh den nötigen Weitblick, gründete 1992 in Villány gemeinsam mit dem ungarischen Star-Winzer Attila Gere das Weingut Weninger & Gere. Die ungarische Gastronomieszene war von dieser Kooperation begeistert und schon bald war der erste Jahrgang ausverkauft.

Vom Erfolg beflügelt, erwarb Franz Weninger 1997 Weingärten in Balf bei Sopron, die zu den besten Rieden Ungarns zählen und seit Jahrhunderten bewirtschaftet werden. Die Leitung dieses Betriebs übernahm 2000 sein Sohn

Franz-Reinhard, der sich mit Erfolg in der ungarischen Wein-Szene etablieren konnte.

Abends, wenn alle am großen Tisch sitzen in Balf, kocht der Junior gerne selber, experimentiert und verfeinert seine Kochkünste. „Die Ideen hole ich mir aus meinem Schul-Kochbuch, mein erstes Kochbuch, heißt das", lacht er. Und manchmal komponiert er auch Familienrezepte neu, so wie Omas Kürbisstrudel, der beim Junior in Tascherln kommt.

Auch Vater Franz kocht gerne, hat sogar mal einen Kochkurs besucht, „ist aber nur bis zum Palatschinken schupfen gekommen."

*Für Franz Reinhard ist Kochen ein Ausgleich, er liebt das Archaische und die männlichen Rituale wie das Messerschleifen und hat sich von den Japanern eine eigene Technik beim Zwiebelschneiden abgeschaut.*

„Das ist eine eigene Technik, mit ganz scharfen Messern, die Bewegung kommt aus der Schulter und das Messer gleitet fließend, ohne Druck, durch die Zwiebel."

Das ist für ihn die reine Meditation ...

„Weni(n)ger ist mehr ..."

Foto: Gerhard Wasserbauer

Foto: Stefan Borgius

Foto: Pez Hejduk

## WEINGUT WENINGER

Florianigasse 11
A-7312 Horitschon
Tel. +43 (0)2610 42165-0
E-Mail: weingut@weninger.com
www.weninger.com/burgenland

# BLAUFRÄNKISCH HOCHÄCKER 06

13 % Vol. Alc.

Typischer würziger Blaufränkisch-Duft nach Kirschen und schwarzen Beeren mit Kräuterwürze. Am Gaumen saftige Frucht und Würze, vollmundig mit gut eingebundenen Tanninen. Gut strukturiert, feines knackiges Säurespiel, langer fruchtiger Nachhall.

# OMAS KÜRBISTASCHERLN

**Für 4 Personen:**

*300 ml Milch*
*50 g Zucker*
*30 g Hefe*
*500 g Mehl*
*2 Eidotter*
*60 g Margarine*
*Salz*
*1 kleiner Kürbis*
*1 Zwiebel*
*250 g Bauerntopfen*
*Öl*

**Salatdressing:**

*2 TL Versus Jus oder Essig*
*2 TL Traubenkernöl*
*Salz, Pfeffer*

1. Milch erwärmen, Zucker und Hefe darin verrühren. Mehl, Dotter, Margarine, Salz und Milch-Hefe-Gemisch zu einem Teig verkneten und 1 Stunde aufgehen lassen. Den Teig ausrollen und mit einem Messer in ca. 15 x 15 cm große Vierecke schneiden.
2. Für die Fülle den Kürbis schälen und grob reiben, die Zwiebel ebenfalls reiben und kurz in etwas Öl andünsten. Kürbis zugeben, mit etwas Wasser aufgießen und köcheln lassen. Mit Salz und Pfeffer abschmecken und erkalten lassen, anschließend den Topfen unterrühren. Die Kürbismasse jeweils in die Mitte eines Teigvierecks legen, die Vierecke verschließen und im Rohr goldbraun backen.
3. Als Beilage einen gemischten Blattsalat mit Traubenkernöl-Dressing servieren.

# GEORG WELLANSCHITZ
## DER RUHEPOL

# STEFAN WELLANSCHITZ
## DER RISIKOFREUDIGE

***Die „wells", Stefan und Georg Wellanschitz, ergänzen einander wie zwei Teile eines Puzzles.***

So unterschiedlich die beiden Brüder auch sind, im Weingut ergänzen sie einander wie der Deckel den Topf.

Stefan, der Risikofreudige, trifft die Entscheidungen aus dem Bauch, Georg, der Ruhigere, überlegt und wägt ab.

Vertrauen ist wichtig. „Wir können uns blind aufeinender verlassen", sagen sie unisono, und auch der Mut zum Risiko, gemeinsam Neues auszuprobieren.

Das von Stefan senior aufgebaute traditionsreiche Weingut der Familie Wellanschitz in Neckenmarkt stellt auch tatsächlich eine Herausforderung an die Winzer dar. Die 27 Hektar Weingärten sind auf rund 70 Parzellen aufgeteilt, von denen jede Lage extra ausgebaut wird, um das Terroir der jeweiligen Weine noch deutlicher zu betonen.

Lagen, wie das alte Weingebirge mit beinahe 60-jährigen Rebstöcken, oder der Hochberg, die höchste Lage in der Neckenmarkter Weinarena, bringen konzentrierte Blaufränkische von höchstem Niveau hervor.

Das ist nicht nur eine logistische Meisterleistung, sondern stellt auch hohe Anforderungen an die beiden Kellermeister. „Wir verkosten täglich, meistens zu dritt, um die richtige Balance, die Harmonie für unsere Weine zu finden."

*Die Cuvée „Fraternitas" ist so eine Wein gewordene Hymne auf die Brüderlichkeit.*

Mit der Cuvée „well" ist den beiden Winzern ein Meisterwerk gelungen, eine Selektion der besten Rieden des Weingutes Wellanschitz – und jedes Jahr auch für Stefan und Georg eine Überraschung.

Aber auch in der Küche komponieren die Brüder gerne eigene Kreationen.

***Stefan ist Koch aus Leidenschaft, ist in der Küche so kreativ wie im Keller und kocht ein wenig nach dem K.-o.-Prinzip: „Entweder es schmeckt oder es schmeckt nicht."***

Langes Studieren von Kochbüchern ist nicht sein Fall. Er mag besonders Rotweine und trinkt auch gerne beim Kochen ein Glas Wein: „Grundsätzlich schmeckt mir der Wein vor dem Kochen besser als nachher."

Er lebt seine Träume, ist sehr sportlich, hat mit 37 Jahren angefangen mit dem Skaten, und seine Rollerblades begleiten ihn auf jeder Reise.

Mit 40 hat er gemeinsam mit seinem Sohn Snowboarden gelernt und jetzt mit 45 besucht er gerade einen Kurs in der Musikschule, um Schlagzeug zu lernen.

Georg, der jüngere Bruder, kocht mit Bedacht, er studiert gerne Kochbücher, und sieht seine Tätigkeit am Herd eher pragmatisch „als Selbstversorgung" denn als Genuss.

„Feel well! Lebe deine Träume.“

Stefan

„Ein guter Tropfen ist ein Lebenselixier.“

Georg

Das Lieblingsrezept der „wells“ spiegelt die kulinarische Seele der Brüder wieder. Von Georg, dem „Fleischtiger“, kommt die Suppe mit dem Rindfleisch, von Stefan die „Zuaspeis“ das Gemüse.

*Und so ergänzen sich die Brüder Wellanschitz zu einem köstlichen Menü.*

WEINGUT WELLANSCHITZ

Lange Zeile 28
A-7311 Neckenmarkt
Tel. +43 (0)2610 42302
E-Mail: info@wellanschitz.at
www.wellanschitz.at

## WELL 06

13,5 % Vol. Alc., Blaufränkisch Reserve

Ein mehrdeutiges Wortspiel mit dem Familiennamen. Selektion unserer besten Blaufränkischreben, tiefdunkle reife Kirsche, Schoko, Beerenaromen, mächtig, opulent, vielschichtig, harmonisch, sehr lang im kleinen Fass gereift (etwa 20–24 Monate).

## CHARDONNAY 07

13 % Vol. Alc.

Sehr duftig, fruchtig, mit Schmelz und Eleganz

# RINDSUPPE MIT CHARDONNAY UND GEBACKENEN ZWIEBELRINGEN

**Für 6 Personen:**

*500 g Schulterscherzel*
*2 Rindermarkknochen*
*125 ml Chardonnay*
*250 g Wurzelwerk (Karotten, Petersilie, Lauch, Sellerie)*
*1 Zwiebel mit Schale*
*2 Lorbeerblätter*
*einige Körner Neugewürz*
*1 TL Pfefferkörner*
*2 TL Salz*
*ca. 3,5 l Wasser*
*Schnittlauch*
*3 große Zwiebeln*
*Mehl, Eier, Semmelbrösel*
*Pflanzenöl*

1. Die Zwiebel mit Schale halbieren und in einer beschichteten Pfanne auf der Schnittfläche dunkelbraun anrösten. Chardonnay zugießen und etwas einkochen lassen. Schulterscherzel und Knochen mit lauwarmem Wasser abwaschen, in einen Topf geben und mit ca. 3,5 l Wasser auffüllen. Langsam zum Kochen bringen, den aufsteigenden Schaum ständig abschöpfen.
2. Alle Gewürze beigeben und auf kleiner Flamme ca. 3 Stunden kochen lassen. In der letzten halben Stunde das Wurzelwerk beigeben und mitkochen lassen. Anschließend die Suppe durch ein feines Sieb abseihen.
3. Für die Einlage die 3 Zwiebeln in 5 mm dicke Scheiben schneiden und in Mehl, Ei und Bröseln panieren. In heißem Öl goldbraun backen und in der Suppe anrichten. Vor dem Servieren Schnittlauch über die Suppe streuen.

*BEILAGE:*

Kürbis-Rahm-Gemüse („Zuaspeis“ ) mit Blaufränkisch-Rösterdäpfel

# SÜDBURGENLAND

## Idyllische Landschaft gepaart mit ausdrucksstarken Rotweinen

### *Das kleinste Weinbaugebiet des Burgenlandes*

– und auch eines der kleinsten Österreichs – wirbt nicht umsonst mit dem Slogan „Weinidylle Südburgenland". Wen es als Besucher hierher verschlägt, der beginnt zu träumen. Von Echtheit und Herzlichkeit, von Bodenständigkeit und lang verlorener Urigkeit. Die Menschen hier haben noch Wurzeln und die Landschaft ist geprägt von urwüchsiger Schönheit. Sanfte Hügeln und weite Ebenen, bis hinein in die kleine ungarische Tiefebene so weit das Auge reicht – ein Sehnsuchtsland.

### *Das Südburgenland ist „wurzelecht", so wie seine Winzer.*

Der Eisenberg – der Weinberg: Er dominiert das Landschaftsbild, aber auch die Weine. Der Name verrät schon die schweren, eisenhaltigen Böden, ein nach Südosten offener Kessel, der das warme Klima voll aufnimmt.

500 Hektar Rebfläche, vor allem vom Eisenberg, liefern tiefe, dunkle, sehr authentische Rotweine, speziell vom Blaufränkisch und sind von einer finessenreichen, mineralischen Würze geprägt. Originäre, eigenständige bis eigenwillige Weine, die Lage, Boden und Klima perfekt widerspiegeln. Terroir-Weine par excellence mit großen Ressourcen.

Vieles ist erstaunlich im Südburgenland, allein schon die Betriebsstruktur. Viele Nebenerwerbswinzer, nur wenige größere Betriebe bewirtschaften die kleine Rebfläche. Vermarktet wird ein großer Teil der Produktion über zahlreiche Buschenschenken, von urig bis nobel, stets aber idyllisch gelegen. Das pannonische Klima ist auch hier wirksam, aber in der Landschaft schwingt schon ein Hauch Steiermark mit. Entlang der Pinkataler Weinstraße gelangt man von Rechnitz im Norden, wo mit Welschriesling und Burgundersorten auch frisch-fruchtige Weißweine gekeltert werden, über Deutsch-Schützen bis nach Güssing.

Daneben gibt es auch Weinenklaven zu entdecken, etwa den Csaterberg bei Kohfidisch. Oder Heiligenbrunn, die Heimat des Uhudlers. Der malerische Ort mit den strohgedeckten Kellerstöckeln hat mit seiner urtümlichen Spezialität des Uhudlers, Weinen aus Direktträgern oder aus Kreuzungen von Hybriden und Europäerreben, immer wieder neugierig gemacht.

*Ein Geheimtipp weitab von überlaufenen Weinzentren, verträumt und romantisch, urig und doch von höchster Qualität.*

# SÜDBURGENLAND

# WALTER DULMOVITS

## DER PIONIER

*Wer am Eisenberg als Weinbauer groß wird, den prägt der Berg, der Weinberg. Dominant und ausgeprägt ist er, der Eisenberg, eigenwillig wie seine Bewohner.*

Tiefe, dunkle Lehmgründe erstrecken sich bis zur ungarischen Tiefebene, Erde so kraftvoll wie die Weine, diese körperreichen, dunkelroten, extraktreichen Rotweine, vornehmlich der Sorte Blaufränkisch. Der Name des Weingutes Vinum Ferreum ist auch sein Programm: die Erhaltung der Kulturlandschaft und die Vinifikation der eigenwilligen, gebietstypischen und charaktervollen Weine. In den besten Lagen des Eisenbergs liegen die Weingärten dieses Weingutes.

### *Was als kleine Genossenschaft begann, ist heute eines der meistausgezeichneten Weingüter des Südburgenlandes.*

Walter Dulmovits, selbst aus einer alten Winzerfamilie, hatte, wie im Südburgenland üblich, vom Großvater einen kleinen Teil vom Weingarten geerbt, sein Cousin Johann Pfeffer den anderen Teil. Beides zu klein zum Wirtschaften, also machten die beiden 1993 aus der Not eine Tugend. Gemeinsam mit weiteren Partnern wurde eine Genossenschaft gegründet, um fortan gemeinsam unter dem Namen Vinum Ferreum Spitzenweine zu keltern. Doch zu viele Köche verderben bekanntlich den Brei, und so wurde zu viel Vielfalt und zu wenig Einigkeit produziert. Der große Erfolg stellte sich dann 2003 mit der Gründung der eigenen Kellerei ein. Von da an liefen die beiden Cousins zur Hochform auf und produzierten jedes Jahr preisgekrönte Blaufränkisch. Johann, die „feine Nase" im Keller, Walter der Pionier im Weingarten und Verkauf.

Seit dem Frühjahr 2008 lockt am Gipfel des Eisenbergs ein edler, gläserner Verkostungsraum nicht nur mit herrlicher Aussicht, sondern auch mit tollen Weinen. Und wen ob der herrlichen Weine die Müdigkeit übermannt, der kann sein Haupt im „Koasa-Schlössl" stilgerecht über dem Weingut in duftige Polster betten, mitten im Weingarten. Von diesem Projekt hat Walter Dulmovits 5 Jahre lang geträumt. Er ist ein Qualitätspionier, ein Kämpfer für den Eisenberg.

Schon in den frühen 90er Jahren revolutionierte er als Weinbauvereins-Obmann die Glaskultur in den kleinen Buschenschenken. Kaufte Gläser an, Ordentliche mit Stielen, statt der kleinen Humpen, kochte selbst im eigenen Buschenschank und organisierte Fortbildungskurse für Winzer. Im alten Dorf-Wirtshaus gründete er eine Außenstelle der Weinbauschule Eisenstadt und im Winter kamen die Lehrer ins Wirtshaus nach Eisenberg und unterrichteten die Winzer.

### *Kellertechnik und Weinbergkunde im Wirtshaus – eine Erfolgsgeschichte, die ihresgleichen sucht.*

Heute haben die Winzer vom Eisenberg mit den anderen qualitätsmäßig gleichgezogen, brauchen nicht mehr neidisch auf die Deutsch-Schützener zu blicken, sondern tragen selbst die Trophy für den besten Blaufränkisch heim. Qualität steht bei Walter Dulmovits und Vinum Ferreum an erster Stelle, denn nur die Qualität „bringt uns weiter", wie er seit den 90ern unermüdlich predigt, und „der Eisenberg muss für Blaufränkisch stehn". Er will es in die weltweite Top-Liga schaffen.

Ein harter, weiter Weg, gab es doch bis in die Mitte der 60er Jahre am Eisenberg noch nicht einmal Leitungswasser, nur Zisternen, in denen man das Regenwasser gesammelt hat.

„Ich lebe meine Träume,
um meine Vorstellungen und
Vorsätze konsequent umzusetzen.“

Für die Arbeiter im Weingarten wurde das kostbare Trinkwasser mühsam herbeigeschafft, und kochen konnte man mit dem unsauberen Bassena-Wasser ohnehin nicht. Aber der Wein, den gab es reichlich, also wurde auch mit Wein gekocht. Die Zutaten sind damals noch alle im Weingarten gewachsen, Paradeiser, Zwiebel, Knoblauch, Paprika und Kräuter.

*Noch heute kocht Walter gerne selbst sein „Weinbergbratl“, ein unvergleichliches Gericht, so bodenständig und „wurzelecht“ wie die Menschen hier, so kräftig und geschmackvoll wie der Wein.*

## WEINGUT VINUM FERREUM

A-7474 Eisenberg
Tel. +43 (0)3365 20090
E-Mail: weingut@vinum-ferreum.at
www.vinum-ferreum.at

## BLAUFRÄNKISCH CLASSIC 06

13 % Vol. Alc.
Dieser gebietstypische, traditionell ausgebaute Blaufränkisch vereinigt die Vorzüge der Region in sich – mineralisch würzig, duftende Frucht gepaart mit Kraft und Dichte macht diesen südburgenländischen Rotwein zu einem Erlebnis und Trinkgenuss. Dichtes Rubingranat im Glas; in der Nase dunkle Beeren; dicht, extraktreich, trinkfreudig, fein strukturierter Abgang mit typischer Blaufränkisch-Frucht am Gaumen.

# WEINBRATL
## IM WEIN GESCHMORT

**Für 4 Personen:**

*Schopf und/oder Karree vom Schwein*

*2-3 große Zwiebeln*

*Salz, Pfeffer*

*Knoblauch*

*1-2 Flaschen Blaufränkisch*

1. Das Fleisch in fingerdicke Scheiben schneiden und mit Salz, Pfeffer und Knoblauch gut würzen. Die Zwiebeln in dicke Ringe schneiden. Gewürztes Fleisch und Zwiebeln schichtweise übereinander in eine große Pfanne schlichten, dabei jede Fleischscheibe gut mit Zwiebelringen bedecken. Den Pfannenboden mit etwas Öl benetzen, mit Rotwein bis etwa zu einem Drittel des Fleisches aufgießen und zugedeckt im Rohr bei ca. 180 °C braten. (Die Bratzeit ist abhängig von der verwendeten Fleischmenge.)
2. Gegen Ende der Bratzeit nochmals mit Wein aufgießen und ohne Deckel etwas bräunen lassen.
3. Dazu schmecken Erdäpfel oder Reis und grüner Salat.

*Weinempfehlung:*

Zum Essen sollte der gleiche Blaufränkisch getrunken werden, mit dem der Braten gekocht wurde.

2006

# REINHOLD KRUTZLER

## DER ERNSTHAFTE

***Er ist aus demselben Holz geschnitzt wie seine Weine.***

Gewächse, die voller Stolz ihren Charakter und ihre Herkunft zeigen, ausdrucksstarke, ernsthafte Rotweine, die dem Verkoster einiges an Geduld und Demut abverlangen.

Die Natur scheint hier mächtiger zu sein als anderswo, hier im südlichen Burgenland, am Eisenberg, unberührter, verwurzelter, ein letztes Paradies, der modernen Welt trotzend.

Reinhold Krutzler geht bewusst den extremen Weg, im Keller wie in der Küche.

Das Weingut Krutzler, bereits in der 5. Generation als Familienbetrieb geführt, begann bereits 1966 Qualitätsweine selbst zu füllen und arbeitet schon seit Jahrzehnten traditionell fast ausschließlich mit Rotwein. Der Blaufränkisch ist sein Lebensmittelpunkt. Die Rebanlagen sind zum Teil ein halbes Menschenleben alt und die Lagen am Eisenberg und in Deutsch-Schützen, mit ihren mineralischen, eisenhaltigen Lehm- und Blauschieferböden, dieses Terroir bringt kraftvolle Weine mit großer Eigenständigkeit und Charakter.

Reinhold Krutzler hat viel gelernt bei seinen Exkursionen nach Frankreich, im Bordeaux und in der Burgund, im Piemont und in Südafrika.

***Die neue Welt ist ihm zu laut, „sie hat nicht diese Faszination, nicht das Feine der alten Welt".***

Er ist kompromisslos, macht keine „Modeweine" ohne Ecken und Kanten, sondern sieht sich als „Weinbegleiter", dessen beste Weine nach jahrelanger Reifung und auf höchstem Niveau Boden und Klima ihres Ursprungs widerspiegeln.

Und er zählt unbestritten zu den besten Rotwein-Winzern des Landes.

Das Flaggschiff des Hauses ist die Rotwein-Cuvée „Perwolff". Dieser aufwendigst verarbeitete, extrem lagerfähige Spitzenwein von Weltruf erhielt seinen Namen nach einer alten Bezeichnung für Deutsch-Schützen. Bereits 1221 wurde die Siedlung unter dem Namen Perwolff das erste Mal erwähnt und gibt fortan dem Top-Wein seinen Namen als Synonym für Kraft und Terroir.

***Reinhold Krutzler ist ein Sinnes-Mensch. Er möchte seinen Wein nicht nur riechen, er muss ihn hören und spüren.***

„Wein muss sich bewegen im Glas, da muss ein Spiel sein." So wie sein Wein, so muss auch das Essen ein Erlebnis sein, ein Spiel mit den Sinnen. Mindestens zweimal im Monat fährt er mit seiner Frau in ein Haubenlokal, „um mich kulinarisch verwöhnen zu lassen", und bleibt trotzdem kritisch, schaut genau in die Küche, auch in der Spitzengastronomie. Die Zusammenhänge interessieren ihn, die verschiedenen Kompositionen in ihrer Kombination und dem Zusammenspiel mit dem Gaumen.

Zu Hause liebt er die verfeinerte Hausmannskost, ob herzhafte Eintöpfe oder eines seiner Lieblingsgerichte, den Tafelspitz in allen Varianten.

Im Sommer wird auch gerne gegrillt, viel Rotwild aus dem benachbarten Ungarn. Der Vater und Rotwein-Pionier Hermann Krutzler ist ja ein begnadeter Jäger.

„Ein guter Wein
muss immer gut sein!"

*Reinhard ist ein begeisterter „Grillmeister" und schart gerne seine Lieben um das Feuer.*

Getrunken wird im Hause Krutzler, wen wundert's – Rotwein, und das beinahe ausschließlich. Reinhold stellt bewusst den Rotwein zum Essen, denn „der passt überall dazu, ob leichter oder kräftiger – da bin ich ganz offen".

Und natürlich kommt der Wein auch in die Speisen, wie soll es auch anders schmecken, im Südburgenland? Und die Rindsrouladen, nach einem alten Familienrezept, die werden erst so richtig würzig mit einem Schuss Rotwein – genau, mit dem Blaufränkisch vom Eisenberg.

## WEINGUT KRUTZLER

A-7474 Deutsch-Schützen 84
Tel.: +43 (0)3365 2242
E-Mail: weingut@krutzler.at
www.krutzler.at

## BLAUFRÄNKISCH RESERVE 03

13,5 % Vol. Alc.

Ein Wein für besondere Anlässe, der höchsten Ansprüchen genügt. Aus allerbesten Lagen in Deutsch-Schützen und am Eisenberg. Archetypischer Blaufränkisch und alles andere als ein Massenwein. Denn mindestens 25 Jahre alte Reben und extra lange Fasslagerung sind die Basis für diesen kräftig-würzigen, mineralischen Wein mit langlebigem Charakter. Gönnen Sie ihm einfach ein paar Jahre Flaschenreife – und der Genuss ist perfekt.

# RINDSROULADEN

**Für 4 Personen:**

*40 g Speck*
*40 g Essiggurken*
*40 g Karotten*
*30 g Zwiebeln*
*4 Rindsschnitzel*
*Salz, Pfeffer*
*Senf*
*40 g Öl*
*5 g Tomatenmark*
*1/2 l Rindsuppe*
*1/8 l Blaufränkisch*
*1/16 l Sauerrahm*
*20 g Mehl*

1. Speck, Gurken, Karotten und Zwiebeln in Streifen schneiden; Rindsschnitzel dünn klopfen, mit Salz, Pfeffer und Senf würzen; Speck und Gemüse auf die Rindsschnitzel verteilen, fest einrollen und mit einer Schnur binden.
2. Öl in einer Pfanne heiß werden lassen und die Rouladen darin braun anbraten. Dem Bratenrückstand Tomatenmark beifügen, mitrösten; mit Rindsuppe und Rotwein aufgießen und das Fleisch zugedeckt 1 Stunde dünsten. Wenn das Fleisch weich ist, dann aus der Sauce heben. Die Sauce mit Sauerrahm und Mehl binden, aufkochen lassen, abschmecken und über die von der Schnur befreiten Rouladen gießen.
3. Beilage: Butternudeln, Kartoffelpüree, Gemüse

# THOMAS WACHTER
## DER HERZLICHE

*Eine Familienidylle im Südburgenland, das ist das Weingut Wachter-Wiesler.*

Ein Familienbetrieb wie aus dem Bilderbuch, zusammengewachsen, eigentlich zusammengeheiratet, still und unprätentiös einfach zusammengefunden. Die offene und humorvolle Lebensweise, die Südburgenländern eigen ist, wird spielerisch gelebt, die Herzlichkeit überzeugt nicht nur in den Weinen, sondern auch bei den Menschen. Beide Familien, Wachter und Wiesler, waren in der Region schon lange bekannte Namen, die in langjähriger Tradition seit fünf Generationen Wein kelterten.

Thomas, Gerda und Franz Wachter, heute Bürgermeister von Deutsch-Schützen, sind Geschwister. Als Gerda 1982 Pepo Wiesler heiratete, wurden die beiden Familienbetriebe quasi „fusioniert", weil es keinen Sinn machte, alles doppelt und Weine mit der gleichen Stilistik zu produzieren. Ab 1990 wurde die Zusammenarbeit weiter intensiviert und die Bewirtschaftung der Weingärten rationeller durchgeführt. Eine weise Entscheidung, die ihnen den Weg zu einem der höchstprämierten Weingüter des Südburgenlandes öffnete.

*Schon das erste Kind des Weingutes Wachter-Wiesler war ein prächtiges Geschöpf: der Béla-Jóska.*

Als 1992 der Blaufränkische Béla-Jóska das Licht der Weinwelt erblickte, benannt nach den beiden Großvätern Bela, Adalbert Wachter und Joska, Josef Wiesler, war der Grundstein für den gemeinsamen Familien-Erfolg gelegt. Und der Béla-Jóska ist bis heute das Aushängeschild von Wachter-Wiesler, neben dem Pfarrweingarten und Julia. Ein Wein so wie die Familie selbst: unverfälscht, erdig, würzig, ein Blaufränkisch, „wie er bei uns immer schon gewachsen ist", ein Wein mit Charakter, mit Gebietscharakter. Aus 15–30 Jahre alten Rebstöcken verschiedener Lagen wird jedes Jahr diese Lagen-Cuvée im großen Holzfass ausgebaut, aber erst nach gemeinsamer, sorgfältiger Verkostung, wobei Franz und Thomas für den Charakter und die Struktur sorgen, Resi für die ausgewogene Harmonie.

Südburgenländischer Familiensinn hält sie zusammen. Alle arbeiten hier mit: Franz, Resi und Thomas Wachter sind für Weingarten, Weinkeller und Vinifizierung zuständig, Gerda und Pepo kümmern sich um die Kommunikation.

Wobei Franz, der Fleisch-Tiger, auch fürs „Grobe" zuständig war. Früher hatten sie auch eine Schweinezucht, da wurde selbst geselcht und gebeizt. Heute grillt er leidenschaftlich gerne, natürlich, erraten, am liebsten Saftiges von Schwein & Rind.

Als Schwester Gerda nach der Karenz neue Aufgaben suchte und weil die Familie immer für neue Herausforderungen gut ist, neugierig und experimentierfreudig, war das die Geburtsstunde der „Ratschen". Mitten in den Weinbergen, mit Blick ins Land, der Sehnsüchte weckt, liegt der alte Wiesler-Keller.

„Spontaneität zum Genuss, spontan das Leben leben."

*Gemeinsam haben Thomas und Gerda hier ein Juwel an Kulinarik & Wein sanft und behutsam in die Landschaft gestellt.*

„Ratschen", das ist der alte Name für den Weinberg mit dem wunderschönen Blick. Gemütlich ist es hier, urig auf höchstem Niveau, im schönsten Wortsinn. Und hier läuft Thomas zur Hochform auf. Es wird gekocht, was die Region frisch und authentisch zu bieten hat, er will zusehen und zeigen, was eine ganze Region an Vielfalt hergibt, er kocht sich als Südburgenländer wieder zurück zu den Wurzeln. Gekocht wird natürlich immer mit Wein. Er kann gar nicht anders, für ihn ist das Wasser in der Küche abgeschafft.

*Wenn der Tom keinen Wein hat, sagen die Freunde, dann kann er nicht kochen.*

Da kann's schon passieren, dass für ein Weihnachtsmenü für 16 Gäste nicht weniger als 19 Flaschen Wein verkocht werden, in einem verschwenderischen Risotto mit Schweinsfilet, gar nicht zu reden von den Weinen, die getrunken werden.

Sein Lieblingsrezept aber sind die Béla-Jóska-Nudeln. Die werden vom Bäcker im Ort extra handgefertigt mit dem Rotwein, dem Béla-Jóska natürlich, erraten, mit Béla-Jóska-Sauce serviert. Wer das je gegessen hat, auf der Terrasse der Ratschen, mit Blick ins Land, der kommt wieder. Weil er gar nicht anders kann …

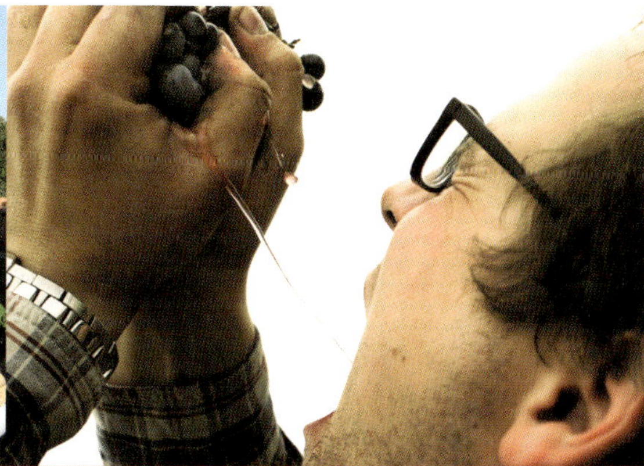

## WEINGUT WACHTER-WIESLER

Hauptstraße 26
A-7474 Deutsch Schützen
Tel. +43 (0)3365 2245 oder 2402
E-Mail: wachter@wachter-wiesler.at
www.wachter-wiesler.at

## BÉLA-JÓSKA 06

13 % Vol. Alc.

Béla-Jóska steht für einen Blaufränkisch mit typisch erdig-mineralischer Note. Er spiegelt den Charakter des Bodens, des Klimas, der Landschaft und der Menschen unserer Region wider. Unsere Väter, Béla Wachter und Jóska Wiesler, geben diesem Wein den Namen.

## BÉLA-JÓSKA NUDELN

**Für 4 Personen:**

*500 g Béla-Jóska-Nudeln*
*Salz*
*1/8 l Rotwein*
*Butter*

*Herbsttrompeten*
*Steinpilze*
*Kürbis*
*Weintrauben - weiß und rot*
*Salz, Pfeffer*
*frische Kräuter*
*Butter*
*100 g Bergkäse*

1. Die Pilze putzen und klein schneiden, die Trauben halbieren und entkernen. Den Kürbis klein würfeln. Anschließend die Pilze, Trauben und Kürbiswürfeln in Butter anbraten, mit Salz, Pfeffer und frischen Kräutern würzen und beiseite stellen.
2. Die Béla-Jóska-Nudeln in reichlich Salzwasser bissfest kochen, abseihen und in Butter und Rotwein gut durchschwenken.
3. Die Nudeln auf den Tellern anrichten und die Kürbis-Pilz-Trauben-Mischung darübergeben. Das fertige Gericht mit geriebenem Bergkäse bestreuen und sofort servieren.

Béla-Jóska

# SÜDSTEIERMARK

## Rassiger Sauvignon Blanc aus dem wildromantischen Hügelland

*„Die Südsteiermark ist wie die erste Liebe: man kann sie zwar verlassen, aber vergessen kann man sie nie.“*

Das sagt einer, der es wissen muss, Gerhard Wohlmuth, Top-Winzer aus der Südsteiermark. Es ist eine der reizvollsten Weinlandschaften Europas mit großen Hügeln und kleinen Tälern, mit versteckten Orten mit fast mediterran anmutender Schönheit.

*Höchste Qualität haben den südsteirischen Sauvignon Blanc an die Spitze der Weltelite katapultiert.*

Doch in dieser Idylle ist Weinbau Schwerarbeit, sind doch die meisten Rebflächen extreme Steilhänge. Kitzeck etwa ist die höchste Weinbaugemeinde Europas, mit Lagen so steil, dass man nur mehr mit Seilwinden lesen kann. Auf Steillagen mit bis zu 90 % Neigung keltern die Spitzen-Winzer der Südsteiermark duftige, frische, aber charaktervolle Weine vor allem aus der Leitsorte Sauvignon Blanc. Höchste Qualität, zum großen Teil in Handlese geerntet, haben den südsteirischen Sauvignon Blanc an die Spitze der Weltelite gebracht, und heute gehören Sortenvertreter aus der Südsteiermark zur Weltklasse.

Eine große Vorreiterrolle dabei haben die STK Winzer, die Steirischen Klassik Winzer gespielt, die mit viel Mut und kühnen Visionen eine kleine Revolution der Qualität möglich machten. Doch auf den 1.950 Hektar Rebfläche ist auch genügend Platz für ein breites Sortenspektrum vom Welschriesling über Morillon und Muskateller bis zum Traminer.

So vielschichtig wie die Rebsorten sind auch die Böden, die im Weinbaugebiet Südsteiermark zur Verfügung stehen, von Sand und Schiefer bis zu Mergel und Muschelkalk. Feuchtwarmes, mediterranes Klima bestimmt den langen Vegetationsverlauf, kühle Nächte fördern die Entwicklung einer reichhaltigen Aromatik, die den Weißweinsorten zu Nuancenreichtum und Noblesse verhilft.

Vom schlanken, fruchtbetonten Jungwein – als „Junker“ einer der Vorboten des neuen Jahrgangs – über die elegante Klassik-Linie bis zu hochreifen, extraktreichen Lagenweinen spielen die Winzer ihre Stärken aus.

*Eine Weinreise in die Südsteiermark ist zu jeder Jahreszeit ein unvergessliches Erlebnis.*

Ganz besonderen Reiz hat eine herbstliche Weinreise entlang der Weinstraße, zum einen entlang der slowenischen Grenze, zum anderen durch die Sausalregion westlich der Stadt Leibnitz.

Ehrenhausen, Gamlitz, Leutschach oder Kitzeck sind die kleinen Orte mit den großen Weinen, Lagen wie Czamillonberg, Grassnitzberg, Kittenberg, Nussberg, Obegg, Sernauberg oder Zieregg wecken Assoziationen zu den entsprechenden Topweinen. Erzherzog Johann, ein Weinbaupionier mit für seine Zeit „europäischem" Weitblick in Sachen Weinkultur, dessen Spuren bis heute im Gebiet nachvollziehbar sind, wäre stolz auf seine südsteirischen Winzer.

# SÜDSTEIERMARK

# ALOIS GROSS

## DER GEMÜTLICHE

***Am Ratscher Nussberg, inmitten einer der besten Lagen der Südsteiermark, behutsam in den Weingarten gebaut, liegt das Weingut Gross.***

Wer hier lebt und arbeitet, den prägt die Landschaft. Eine Landschaft wie im Bilderbuch – von der Terrasse streift das Auge über die sanften Kuppen des südsteirischen Weinlandes, einen Steinwurf von der österreichisch-slowenischen Grenze entfernt. Die Lage Nussberg ist untrennbar mit dem Namen Gross verbunden – Weine dieser Toplage erringen höchste Auszeichnungen. 1907 verschrieb sich die Familie Gross dem Weinbau – und ist noch heute ein typischer Familienbetrieb. Eine Generation steckt die nächste mit der Leidenschaft für den Wein an, die vinophile Kinderstube prägt nun schon die fünfte Winzergeneration. Das Wein-Machen und die Kellerarbeit sind für Alois Gross wie die Kindererziehung: Was braucht der Wein, um sich seinen Anlagen entsprechend bestmöglich zu entwickeln, was ist ihm zumutbar, fördern ohne zu „überfordern".

Schon früh hat Alois Gross auf Qualität gesetzt, der Vater ließ dem jungen Winzer viel Freiraum im Keller, es war die Zeit des großen Aufbruchs im steirischen Wein.

„Bleib nicht stehen, bleib in Bewegung, sei dabei standhaft. "

***Der Sauvignon Blanc ist das Lieblingskind von Alois Gross:***

Das „Chamäleon" unter den Rebsorten, wandelbar mit den unterschiedlichsten Ausprägungen, ein spektakulärer Wein. Dem Wein Eigenständigkeit einzuhauchen, Unterschiede aus den Lagen, dem Terroir herauszuarbeiten, das macht sein Winzer-Leben spannend, sagt er. Sein prägendes Erlebnis hatte er in den 80ern in einem einfachen Wirtshaus in Graz: Statt der damals üblichen, lieblichen und aufgezuckerten Weißweine bekam er – zwar im Doppler – einen trockenen, frisch-fruchtig ausgebauten Welschriesling. Von da an wusste Alois Gross, wohin der Weg führen sollte. Gemeinsam mit den Freunden und Weggefährten Polz, Sattler, Tement, Lackner-Tinnacher und anderen Jungwinzern begann man diese leichten, duftigen und sortentypischen Weine zu produzieren, für die die Südsteiermark heute weltberühmt ist.

1985/86 kam der große Durchbruch, weil die Steirer vom Weinskandal weitestgehend verschont waren, und 1990 pilgerten die ersten internationalen Journalisten, Winzerkollegen und Händler in die Steiermark, um das steirische Wein-Wunder zu verkosten.

***Es wurde viel „wein-gsteindlt" in diesen Jahren, philosophiert und ausprobiert.***

So war die Gründung der „Steirischen Klassik"-Gemeinschaft 1993 nur eine logische Konsequenz. „Steirische Klassik" war nicht nur die Bezeichnung für die Winzer-Gruppe, sondern eine Philosophie und prägte nachhaltig den typischen, steirischen Weinstil: frisch, sortentypisch, fruchtig und jung zu trinken.

Aber sie wurden erwachsen, sowohl die Winzer als auch die Weine, langsam und behutsam reiften sie miteinander in den all den Jahren.

## *Leidenschaft, Know-how und ein steigender Qualitätsbegriff bewirkten einen sanften Wandel:*

Man begann reife Weine zu vinifizieren aus großen Lagen, geprägt vom Terroir und diesem einzigartigen Reizklima. Die jahrelange, erfolgreiche Zusammenarbeit bewegte die Winzerfreunde nun dazu, neben ihren „Steirische Klassik"-Weinen auch ihre Lagenwein-Philosophie neu zu definieren. Und so steht heute STK-Winzer für „Steirische Terroir- und Klassikweingüter".

Alois Gross ist ein Philosoph und sanfter Entdecker, auch in der Küche. Er liebt es, die Hausmannsküche zu verfeinern, ihn verlockt die Geschmacksvielfalt. Der richtige Zeitpunkt ist wichtig, beim Kochen wie beim Wein. Er entwickelt neue Stilrichtungen, und weil der Sauvignon Blanc nun mal sein Herzblut ist, wird alles rund um den Sauvignon gekocht.

So wie der Heilbutt, weil der Fisch dann so schön im Sauvignon schwimmt.

WEINGUT GROSS

A- 8461 Ratsch a. d. Weinstraße 26
Tel. +43 (0)3453 2527
E-Mail: weingut@gross.at
www.gross.at

## SAUVIGNON BLANC KITTENBERG 07 ERSTE LAGE STK

13 % Vol. Alc.

Unterkühlt und verspielt, Anklänge von Grapefruit und Spargel, entwickelt und knackig, zeigt mineralische Nuancen, schon ziemlich balanciert, mittlere Länge.

# HEILBUTTFILET IM WURZELSUD

**Für 4 Personen:**

*400 g Heilbuttfilet*

*Wurzelgemüse (Karotten, Sellerie, Kohlrabi)*

*Steinpilzkappen*

*Butter*

*Weißwein*

*Salz, Pfeffer*

1. Das Heilbuttfilet in Portionen schneiden. Das Wurzelgemüse schälen und in längliche Streifen schneiden.
2. Eine feuerfeste Pfanne ausbuttern, den Fisch gemeinsam mit mit dem Gemüse und etwas Weißwein und Wasser im Backrohr bei 180 °C pochieren.
3. Die Steinpilzkappen kurz anrösten und auf die Filets geben.
4. Als Beilage eigenen sich gekochte Erdäpfel, Polenta oder Risotto.

# GÜNTER MÜLLER
## DER FITZCARRALDO

*Günter Müller ist ein Fanatiker der Einzellagen. „Fitzcarraldo“ nannten sie ihn, weil er vor mehr als 20 Jahren mit viel Geld und großen Caterpillern seine Weinberge neu terrassieren ließ – mit der idealen Ausrichtung nach Süden.*

Er wollte dem Wein die Chance geben, von der Lage, von den Wurzeln her optimal zu wachsen – heute eine Selbstverständlichkeit, damals eine Pioniertat. Günter Müller übernahm schon früh das vom Vater 1936 gegründete Weinhandelshaus, 1977 begann er mit dem Weinbaubetrieb der Domäne Müller. Anfangs mit dem Liechtenstein'schen Weingut Deutschlandsberg, bald kamen auch das Gut am Ottenberg in Ratsch sowie die deutschen Weingärten in Berghausen dazu. Der Zweigelt in der Riede Buchegg wurde noch von Prof. Zweigelt höchst persönlich als Versuchsweingarten gepflanzt! Er machte Praktika im Bordeaux, holte sich Klone für den Sauvignon Blanc aus der Loire, den Chardonnay aus der Burgund, und Rotwein-Klone aus dem Bordeaux.

Sein Sauvignon Blanc 2002 wurde World Champion. Zahlreiche internationale Auszeichnungen haben die Domäne Müller zu einem der Top-Weingüter der Steiermark gemacht. Seine Weine sollen geradlinig sein, erkennbar vom Terroir, deshalb züchtet er auch seine eigenen Hefen. Er war schon immer ein Genießer, schon als ganz junger Mann. Mitten drinnen, als sich die jungen Österreicher, wie Karl Eschelböck am Mondsee, die ersten Hauben erkochten. Als Weinfachmann und Handelshaus der Top-Gastronomie, er importiert heute noch einige der gefragtesten Weine der Welt, war Günter Müller ein gern gesehener Gast in Österreichs Haubenküchen.

Er war verwöhnt, kochte selbst hingebungsvoll und gerne, der Umgang mit der Koch-Elite machte ihn ein wenig anspruchsvoll.

*Doch dann kam Eva – 19 Jahre jung. Und sie kochte ihn ein nach allen Regeln der Kunst, im wahrsten Sinne des Wortes.*

Es war anlässlich Günters „Vorstellungsbesuch“ bei den Eltern, und die junge Eva wollte etwas ganz Besonderes kochen, einen „Festbraten“, um den strengen Vater milde zu stimmen. Also kochte sie ihm sein Lieblingsrezept: den Kalbsnierenbraten mit ganzen gebratenen Nierndln. 25 Jahre und 3 Kinder später ist der „Festbraten“ immer noch das Lieblingsrezept der ganzen Familie – solche Geschichten schreibt nur das Leben selbst. „Festbraten deshalb“, sagt Eva, „weil heute alles schnell gehen muss, Festbraten deshalb, damit die Philosophie der Alten „rüberkommt“ zu den Jungen. Und die sagen dann auch: „Mama, danke es schmeckt.“

… und wir tunken noch den Brattopf mit einem Schwarzbrot aus …“

Noch heute wird jedes Wochenende ein 3-gängiges Menü gekocht, und die Kinder, jetzt schon erwachsen, stellen die Weine in einer Blindverkostung zusammen. Die Dreisamkeit, die Harmonie ist sein Lebensmotto, das steht sogar im Gesellschaftsvertrag der Domäne Müller.

*Und mit Eva hat er gefunden, was ein Winzer wirklich braucht, nämlich eine Frau, die „gut aussieht, gut kocht, eine gute Mutter ist, und viel arbeitet.“*

Er dankt es ihr mit gelben Rosen …

„Die Dreisamkeit:
die Harmonie der Familie,
die Gemeinsamkeit der Menschen und
die sorgsame Pflege der Natur."

DOMÄNE MÜLLER

Grazerstraße 71
A-8522 Groß St. Florian
Tel. +43 (0)3464 2155 oder 2234
E-Mail: office@mueller-wein.at
www.domaene.mueller.at

## DER MORILLON 07

12,5 % Vol. Alc.

Helles Grüngelb. In der Nase feine Apfelfrucht, unterlegt mit einem Hauch von Anis und Fenchel, zart nach frischer Birne. Am Gaumen elegant, saftig und feinstrahlig, sehr präziser Stil, gut integriertes Säurespiel. Grüner Apfel im Nachhall, frisch und trinkanimierend. Leichtfüßiger Speisenbegleiter mit gutem Reifepotenzial.

**Für 4 Personen:**

*1,5 kg Kalbsnierenbraten*
*8–12 Stk. Kalbsnieren*
*Pfeffer aus der Mühle*
*Meersalz, Muskatnuss*
*ca. 2 TL mildes Paprikapulver*
*getrocknete Steinpilze*
*5 Karotten*
*Olivenöl*
*Butter*
*Rindsuppe zum Aufgießen*
*ca. 100 ml Morillon*

# KALBSNIEREN-BRATEN

*1.* Am Vortag die Kalbsnieren vom Kernfett befreien – eine zarte Schicht sollte dabei an die Nieren haften bleiben – und mit einem scharfen Messe der Länge nach halbieren oder gut einschneiden. Mit jeweils 2–3 Zitronenscheiben belegen und über Nacht in Milch einlegen, um den intensiven Geschmack zu mildern. Den Kalbsnierenbraten mit geriebenem Pfeffer, Meersalz, Muskatnuss, etwas Paprika und gemahlenen, getrockneten Steinpilzen auf allen Seiten gut einreiben und mit Olivenöl begießen. Zwei Kalbsnierenhälften an den Braten drücken und diesen mit einem Spagat zu einer Rolle binden. Über Nacht in einer Bratform aus Gusseisen oder in einem Römertopf kühl stellen. Die Bratform sollte nicht viel größer als der Braten sein.

*2.* Backrohr bei Umluft auf 180 °C vorheizen. Den Kalbsnierenbraten in einer schweren Pfanne mit zerlassener Butter auf allen Seiten scharf anbraten und wieder in die Bratform mit dem Olivenöl und dem ausgetretenen Saft geben. Den Bratrückstand, die Reste der Steinpilze und die Karotten zum Braten geben.

*3.* Den Braten ins Rohr stellen und nach ca. 1/2 Stunde die Temperatur auf 160 °C reduzieren, während der Bratzeit immer wieder mit Rindsuppe und etwas Morillon aufgießen. Den Braten wiederholt wenden und den Bratensaftrückstand, der am Bräter festklebt, mit dem Saft vermengen. Die Garzeit beträgt für 1,5 kg Fleisch ca. 1 1/2 Stunden. Den Braten mit einem sehr scharfen Messer aufschneiden und auf vorgewärmten Tellern anrichten.

*4.* Die Kalbsnieren mit frischem Wasser gut waschen, mit Küchenpapier abtrocknen und mit Pfeffer und geriebener Muskatnuss auf beiden Seiten würzen. Erst kurz vor dem Servieren in einer Gusseisenpfanne scharf anbraten. Die Kalbsnieren nach Belieben als Entrée auf getoastetem Schwarzbrot servieren.

*5.* Als klassische Beilagen können Erbsenreis mit frischer Petersilie, Petersilienkartoffel, gedünstete, leicht gezuckerte Erbsen mit frischer Petersilie und die mitgebratenen Karotten gereicht werden. Auch frische Steinpilze mit Petersilie bilden eine harmonische Ergänzung. Ein knackiger Grazer Krauthäupl-Salat mit weststeirischem Kürbiskernöl und Schilcheressig passt ebenfalls sehr gut.

### *TIPP:*

Ein guter Kalbsnierenbraten beginnt beim Fleischer Ihres Vertrauens! Er sollte ausgelöst niemals mehr als 4 kg wiegen und auf keinen Fall in gerolltem Zustand gekauft werden.

# ERICH POLZ
## DER ENTWICKLER

***Er ist ein Entwickler, egal ob große Weine, das Restaurant Kreuzwirt am Pössnitzberg, das Wein-Hotel oder neue Ideen – zu entwickeln ist für ihn der Kick des Lebens.***

Doch sobald das Kind geboren ist, bricht Erich Polz auf zu neuen Ufern, das Weiterentwickeln, die tägliche Knochenarbeit, das ist nicht so sein Metier. Da braucht es gute Mitspieler – die Familie. Alle Geschwister arbeiten mit, jeder in seinem eigenen Bereich. Das macht auch den Erfolg aus .

***Es war ihnen wichtig, das Wein-Genießen zum Erlebnis für die ganze Familie zu machen.***

„Wir haben zwei Jahrzehnte hindurch erlebt, dass Männer gerne ewig kosten, die Kinder quengeln und die Frauen verzweifeln …"

Wahre Genusskultur lebt von der Vielfalt, dem Eigenständigen und Unverwechselbaren – diese Idee hat die Brüder Erich und Walter Polz, seit sie Ende der 1980er Jahre das Weingut ihrer Eltern übernommen haben, immer wieder dazu bewegt, sich weiter in kulinarisch motivierten Projekten zu engagieren – und das mit Genuss und Lebensfreude. Warum haben wir sieben Sinne, wenn wir sie nicht allesamt verwöhnen lassen.

Es liest sich wie die Einladung zu einem kulinarischen Streifzug: Vom Grassnitzberg, dem Stammsitz der Familie mit der alten Buschenschank, wo Schwester Johanna so herrliche ursprüngliche „Hauben"-Schmankerln kocht, wie die berühmte Leberpastete oder das Weinbrot.

Über den Pössnitzberg, wo sie das traditionsreiche Weingut Tscheppe betreiben, mit Hotel und dem haubengekrönten Restaurant Kreuzwirt, in die Vinofaktur in Ehrenhausen mit den Delikatessen der Region, bis hinüber nach Jeruzalem, zum Weingut Miro führt die Reise. Weil das Potenzial slowenischer Spitzenlagen ein überaus reizvolles und Genuss ein grenzüberschreitendes Thema ist.

***Als Entwickler war Erich Polz natürlich auch einer der Gründungsväter der Steirischen Klassik.***

Hat mitentwickelt und Wege gefunden, zusammen groß zu werden, sich gegenseitig zu helfen, zusammen stark zu sein. Sie sind keine Zwangsgemeinschaft, sondern echte Freunde. Und dass die Jungen jetzt nachwachsen, ist ihm ein Anliegen, das Kontinuität und Qualität sichert.

Erich Polz genießt den Anlass. Einschneidende kulinarische Erlebnisse bei den Ahnvätern der Haubenküche haben auch ihn schon früh geprägt. Mit Genuss sorgsam umgehen, „auch die teuerste Havanna macht keinen Spaß, wenn sie zur Normalität wird". Der beigeisterte Jäger kocht gelegentlich: „Ich bin einer, der gerne g'scheit übers Kochen redet", doch beim waidmännischen Zubereiten kennt er keinen Spaß. „Wenn wir jagen gehen, dann denken wir an die Küche, das Wild wird waidmännisch so erlegt, dass es stressfrei in die Küche kommt!"

Die geschmorte Rehschulter ist sein Lieblingsrezept, denn beim Schmoren kann man auch die nicht so teuren Stücke herrlich verarbeiten.

***Zart und von besonderem Geschmack ist dieses Wild, denn die Rehe sind auch Feinspitze, zupfen die Kräuter aus dem Weingarten und lieben bevorzugt die jungen Triebe des Muskateller.***

Wer kann ihnen das verdenken.

„Ich liebe die Vielfältigkeit
in der Perfektion."

## WEINGUT POLZ

Grassnitzberg 54a
A-8471 Spielfeld
Tel. +43 (0)3453 2301
E-Mail: weingut@polz.co.at
www.polz.co.at

## THERESE 07 SAUVIGNON BLANC ERSTE LAGE STK

13,5 % Vol. Alc.

Funkelndes, mittleres Grüngelb; in der Nase explosive Frucht nach Stachelbeeren, Apfel und gelbem Paprika; ein Wechselspiel aus kühlen, frischen und äußerst vollreifen, warmen Aromen, fließen harmonisch ineinander; komplexe, exotische Fruchtkombination am Gaumen; schnittige Mineralität; ausgeprägte Fruchtsüße; nerviges Säuregerüst; ein Prototyp von Sauvignon Blanc!

# REHSCHULTER IM THYMIANSAFTERL UND RAHMPOLENTA

**Für 4 Personen:**

*1 kg Rehschulter*
*1 mittelgroße Zwiebel*
*Rindsuppe*
*1/4 l kräftiger Rotwein*
*Öl zum Braten*
*frischer Thymian*
*Salz, Pfeffer*
*1 EL Tomatenmark*
*etwas Mehl*
*etwas Butter*
*Zimt*
*Honig*

**Polenta:**

*200 g Polentagrieß*
*200 ml Wasser*
*200 ml Milch*
*1/8 l Schlagobers*
*100 g Parmesan*
*Salz, Pfeffer*
*Muskatnuss*

1. Die Rehschulter zuputzen und in Würfel schneiden. Mit Salz und Pfeffer würzen und in Öl kurz beidseitig anbraten, Fleisch aus der Pfanne nehmen. Die Zwiebel und das Tomatenmark dunkel anrösten, Fleisch und Fleischsaft wieder in die Pfanne geben, mit Rotwein ablöschen und mit Rindsuppe aufgießen, sodass das Fleisch bedeckt ist. So lange bedeckt köcheln lassen, bis das Fleisch weich gedünstet ist.
2. Den reduzierten Bratensaft mit Butter und Mehl binden und mit frischem Thymian und Pfeffer und ein paar Tropfen Balsamico-Essig abschmecken. Mit Zimt und Honig abrunden.
3. Für die Polenta Milch und Wasser in einem Topf aufkochen lassen und mit Salz, Pfeffer und Muskatnuss abschmecken. Den Polentagrieß einrühren, den Topf abdecken und so lange köcheln, bis sich die Polenta eindickt. Die Polenta aus dem Topf herausnehmen, den Parmesan und halbaufgeschlagenes Obers einrühren, abschmecken und servieren.

# WILLI SATTLER
## DER LÖSUNGSORIENTIERTE

***Es ist schon ein ganz besonderes Genießer-Paradies – der Sattlerhof in Gamlitz.***

Malerisch auf einem der unzähligen Hügel der südsteirischen Weinstraße gelegen, mit Blick übers Land und die Weingärten. Hier betreiben die Brüder Willi, der Winzer, und Hannes, der Koch, nicht nur eines der besten Weingüter, sondern auch das Wirtshaus und Genießerhotel Sattlerhof, eine der kulinarisch interessantesten Adressen der Region.

Schon Vater Wilhelm Sattler erfüllte sich auf diesem idyllischen Flecken den Traum vom eigenen Weingut und wurde 1969 mit einem der ersten trocken ausgebauten Sauvignon Blancs zu einem Pionier der steirischen Weingeschichte. Im Gegensatz zu den damals üblichen süßlichen Weinen mit Restzucker, die ohnehin nur mit Müh und Not ihre Abnehmer fanden, war der Sauvignon trocken ausgebaut und noch dazu mit einem ungewöhnlichen, grasigen Geschmack.

***Blankes Unverständnis begleiteten den Vorreiter, bis endlich Mitte der 80er Jahre das „steirische Weinwunder“ eintrat und alle Welt plötzlich den neuen Wein entdeckte.***

Wie der Vater so auch der Sohn, die Rebe fällt nicht weit vom Stock: Schon mit 22 Jahren übernahm Willi Sattler die Weinbereitung im Sattlerhof und bewirtschaftet heute Weingärten in den besten Lagen Kranachberg, Sernauberg und Pfarrweingarten, wo er seine international ausgezeichneten Top-Weine keltert.

***Er ist einer der Gründerväter der legendären „steirischen Klassik Winzer“, heute STK-Winzer.***

Ein kleiner eingeschworener Kreis sind sie, der sich schon seit Jugendtagen kennt. Mit Alois Gross ist er schon in die Volksschule gegangen, und auch die anderen kennen einander schon länger als die jeweiligen Lebenspartner.

Mit dem Junker hat es angefangen, vor 20 Jahren, als sie sich zusammensetzten, um einen gemeinsamen Wein zu kreieren, frisch und fruchtig sollte er sein und typisch im Geschmack. Und langsam sind sie zusammengewachsen. Es ist fast wie eine Lebensgemeinschaft, ein Erfahrungsaustausch, ein jeder lernt vom anderen und hat trotzdem seine eigene Linie, seine eigene Stilistik. Das gemeinsam zusammenstehen, das verbindet sie schon seit zwei Jahrzehnten, die Musketiere des steirischen Weins.

Der Genuss ist ihm wichtig, zieht sich durch das ganze Leben von Willi Sattler, egal ob er sich eine Stunde im Weingarten hinsetzt und die Grillen zirpen hört oder sich im Restaurant auf die Empfehlungen der Küche freut. Speisekarten liest er nicht gerne – das viele Suchen macht ihm Stress.

„Wenn man erfolgreich ist, braucht man trotzdem eine gewisse Unzufriedenheit als Triebfeder."

*Willi Sattler ist auch selbst ein bodenständiger Koch, er will keine Reizüberflutung auf dem Teller mit hundertausend Beilagen und zu vielen Gewürzen.*

Das ist letztlich eine Verwirrung, sagt er, und beim Essen will er nicht verwirrt sein, „der Teller soll z'sammgräumt ausschauen!" Wenn Gäste ins Haus kommen, wird bodenständig gekocht, Braten und Fisch, Speisen die man in Ruhe vorbereiten kann und die alleine garen, ohne Hektik, damit dann alle gemeinsam am Tisch sitzen können. Er selbst isst gerne heimischen Fisch, sein Lieblingsrezept ist der gespickte Karpfen verfeinert nach eigenem Geschmack.

*Eigentlich ist dieses Rezept ja aus einer Not geboren:*

Im Wirtshaus hatte Bruder Hannes 10 Karpfenfilets bestellt direkt frisch beim Erzeuger. Aber weil bei der Bestellung irgendetwas schiefgelaufen war, kamen statt der gewünschten 10 Filets gleich satte 10 Kilogramm Fisch. Also waren „Karpfen-Wochen" angesagt!

Und dabei wurden die herrlichsten Fisch-Rezepte entworfen.

WEINGUT SATTLERHOF

Sernau 2
A-8462 Gamlitz
Tel. +43 (0)3453 2556
E-Mail: weingut@sattlerhof.at
www.sattlerhof.at

## SAUVIGNON STEIRISCHE KLASSIK STK 2007

12,5 % Vol. Alc.

Klar und präzise in der Nase, vielschichtige Expression, tropische Ansätze im Aroma, jugendlich, lebendige Säure, gute Würze, kompakt, schöne Länge, intensive Noten nach Stachelbeeren und Cassis am Gaumen.

# GESPICKTER KARPFEN

**Für 4 Personen:**

*1,5 kg Karpfen*
*60 g Knoblauch*
*120 g Speck*
*Salz, Pfeffer*
*Thymian*
*Zitrone*
*40 g Zwiebeln*
*250 ml Bratensaft*
*40 g Wurzelwerk (Karotten, Sellerie)*
*1,2 kg Erdäpfel*

*1.* Den Karpfen schuppen und waschen. Die Haut einschneiden und mit geviertelten Knoblauchzehen und dünnen Speckstreifen spicken. Mit Zitrone einreiben, mit Salz und Pfeffer würzen und die Bauchseiten mit Thymian auslegen. Den Karpfen in Sonnenblumenöl an beiden Seiten anbraten.

*2.* Zwiebeln, Karotten, Sellerie schälen, waschen und in Würfel schneiden. Die äußeren Blätter entfernen und das Kraut vierteln. Die Erdäpfel waschen und in Scheiben schneiden. Zwiebeln mit dem Wurzelwerk in Butter anbraten, mit Weißwein ablöschen und den Bratensaft beigeben und ca. 20 Minuten im Rohr dünsten. Mit Salz, Pfeffer und Kümmel würzen.

*3.* Im Rohr den Karpfen mit dem Gemüse ca. 1 Stunde braten und vor dem Servieren mit gehackter Petersilie bestreuen.

### *TIPP:*

Dieses Gericht ist wunderbar für Festtage, da man den Karpfen in der Pfanne sehr schön präsentieren kann.

# WALTER SKOFF
## DER VISIONÄR

# JOACHIM SKOFF
## DER EHRGEIZIGE

***Wenn sie zusammen an einem Tisch sitzen, Vater Walter und Sohn Joachim, dann sprühen die Funken, fliegen die Wort-Fetzen, da wird diskutiert und hinterfragt.***

„Gegensätze ziehen sich eben an", sagt der Vater, „es gibt einen lebhaften Qualitätsdialog" zwischen Vater und Sohn. Diese beiden reiben sich aneinander im fortwährenden Schlagabtausch, Joachim, der ehrgeizige Denker, der Pläne schmiedet und hinterfragt, und Walter, der naturverbundene Visionär mit einem Leben voll Erfahrung. Und trotzdem oder gerade deshalb schleifen sie sich aneinander ab, ergänzen sich wie Flasche und Kork.

***Beide sind Genießer, man verbringt viel Zeit miteinander beim Essen und beim Verkosten.***

Und in der Buschenschank, da wird nach den alten, überlieferten Rezepten gekocht, nach Rezepten, die schon bald keiner mehr kennt. Das Geheimnis ihres Erfolges liegt in der tiefen Verbundenheit der Familie Skoff zur Natur. Tradition und über Generationen überliefertes Wissen prägen den Stil eines jeden Weines und bilden das Herz des Weingutes. Dieses Wissen um Details wird immer von Vater zu Sohn weitergegeben – oft sogar nur mündlich –, um die Wahrung dieses Geheimnisses beizubehalten.

***Walter Skoff, der Wächter über die Weingärten und den Weinkeller, ist bereits die vierte Generation und er hat das Weingut durch seine einzigartige Philosophie geprägt.***

Jeder seiner Weine „lebt", trägt seine Handschrift und offeriert eine eigenständige Persönlichkeit. Für ihn ist Wein wie ein Mensch, mit dem man sehr viel Zeit verbringen und sehr individuell auf seine Bedürfnisse eingehen muss, wie bei der Erziehung seiner Kinder. Dennoch begann mit ihm erst der Aufschwung, als er 1984 von seinem Vater 1,7 Hektar Rebflächen übernahm und die Kellertechnik modernisierte und den Betrieb erweiterte. In den späten 80er Jahren gab es nur sehr wenige Winzer in der Region, die Weine hoher Qualität erzeugten – Walter Skoff war einer von ihnen und er war einer der Besten. Bereits in den späten 80er und frühen 90er Jahren gewannen viele seiner Weine nationale und internationale Auszeichnungen.

Mittlerweile arbeitet auch Sohn Joachim als Wine-Maker im Betrieb. Er holte sich umfangreiche Erfahrungen bei renommierten Weingütern in Neuseeland, Chile und Südafrika und ist für die Einbringung neuer, innovativer Ideen verantwortlich.

Genuss nimmt eine zentrale Stellung im Leben der beiden ein, wenngleich der Zugang ein unterschiedlicher ist: Für Walter ist Genuss eine innere Einstellung, die Verbindung zur Natur, die man nicht erzwingen kann. Sohn Joachim sieht das ein wenig pragmatischer, auch der Moment, ein schönes Gespräch ist ein Genuss, nie allerdings ohne ein Glas Wein.

„Wein ist Leben –
mein Leben ist Wein."

Walter

„Be different in order
to be unique!"

Joachim

*Was die beiden aber gemeinsam verbindet, das ist ihre Liebe zum Kochen, genauer gesagt zu Omas alten Rezepten.*

Wenn sie von Omas „Schwammsupp'n" mit Sterz erzählen, dann kriegen sie beide leuchtende Augen wie zwei kleine Jungs, und da sind sie sich einig: Was Besseres gibt es nicht auf der Welt!

WEINGUT WALTER SKOFF

Eckberg 16
A-8462 Gamlitz
Tel. +43 (0)3453 4243
E-Mail: weingut@skoff.com
www.skoff.com

## SAUVIGNON BLANC HOCHSULZ 07

13,5 % Vol. Alc.

Hellgelbe Farbe, cremig, zarte Hefetöne, die Nase ist eine bis ins kleinste Detail verwobene Fruchtbombe. Die Fruchtgliederung ist sehr engmaschig mit unverkennbarer Sortentypizität. Eine dunkelgrüne Paprika dominiert jedoch das Ganze, gefolgt von reifer Cassis. Am Gaumen gibt sich der Wein höchst gehaltvoll. Hoher Extrakt, intensive Fruchtigkeit, trotzdem frische Struktur.

## „SCHWAMM-SUPP'N" MIT STERZ

**Für 4 Personen:**

*2 l Wasser*
*400 g Steinpilze*
*1 Kartoffel*
*1 Karotte*
*Salz, Pfeffer*
*Petersilie, Basilikum*
*etwas Öl*
*1 EL Mehl*
*1/2 Suppenwürfel*
*1 EL Schlagobers*
*Grammeln*

**Sterz:**

*500 ml Wasser*
*250 g Sterzmehl*
*Butter, Salz*

1. Die Steinpilze blättrig schneiden. Das Wasser erhitzen, Steinpilze, Kartoffel, Kräuter und blättrig geschnittene Karotte zugeben, salzen und kochen lassen. In einem Topf aus etwas Öl und Mehl eine leichte Einbrenn zubereiten, kurz anrösten und in der Suppe versprudeln. Mit Pfeffer und Suppenwürfel abschmecken und nochmals aufkochen lassen. Zuletzt Obers untermengen.
2. Salzwasser mit etwas Butter aufkochen lassen und das Sterzmehl ins kochende Wasser einrühren. Auf kleiner Flamme aufquellen lassen, dabei mit dem Kochlöffel öfters umrühren und durchstechen. Noch etwas Butter zugeben und mit der Gabel locker durchbröseln. 15–20 Minuten auf kleinster Flamme ziehen lassen.
3. Den Sterz in kleinen, flaumigen Häufchen auf Suppentellern anrichten. Die Grammeln kurz abschmalzen, über den Sterz geben und die Suppe darüber gießen.

# MANFRED TEMENT

## DER GEREIFTE

„Um Großes zu erreichen, muss man groß denken und Großes wollen." Das ist nicht nur ein weiser Spruch, sondern gelebte Überzeugung von Manfred Tement, einem der Großen aus der Südsteiermark.

***Renommierte Fachmagazine reihen Manfred Tement unter die besten 50 Weingüter der Welt ein.***

Seit Jahren produziert der südsteirische Paradewinzer Terroir-Weine von Weltruf, sein Sauvignon aus der Lage Zieregg beweist jedes Jahr sein ungeheures Reifepotenzial und gilt als Kultgewächs. Manfred Tement ist ständig daran interessiert, den nächsten Schritt in die Weinzukunft mit immer neuen Erkenntnissen zu gehen. Er ist ein introvertierter Mensch, ein visionärer Weinmacher, Mann der ersten Stunde im südsteirischen Qualitätsweinbau. Seine Entscheidungen wägt er ab, überschläft sie, aber wenn er eine Entscheidung trifft, dann hundertprozentig: „Meine Entscheidungen sind reifliche Überlegungen, die auch halten."

Eine dieser Entscheidungen war es auch, eine neue Kellerei zu bauen, an einem der schönsten Plätze der Südsteiermark, tief eingegraben in den Berg, in ein Korallenriff, das vor etwa 20 Millionen Jahren knapp unter der Meeresoberfläche gewachsen ist.

Das Weingut Tement liegt auf einem Bergplateau, oberhalb der berühmten Riede Zieregg mit einem atemberaubenden Ausblick in das nur einen Steinwurf entfernte Nachbarland Slowenien, auf der anderen Seite in die südliche Oststeiermark. Hier in Berghausen hat der Ausnahme-Winzer 2002 ein imposantes Weinimperium geschaffen, sich ein kühnes architektonisches Denkmal gesetzt.

1996 bei einer Weinpräsentation im Burgenland traf Manfred Tement eine zweite, folgenschwere Entscheidung. Gemeinsam mit F.X.Pichler, der Wachauer Legende, und Tibor Szemes, dem Grand Seigneur des burgenländischen Weines, wollten sie einen neuen Rotwein-Typ kreieren, einen Österreicher internationalen Formates. Die Geburtsstunde des „Arachon T.FX.T." hatte geschlagen.

***Heute ist auch der Arachon T.FX.T Kult: „Wir sind die Regisseure, die Weinmaker und Marketingleute dieser Idee", ist Manfred Tement stolz auf diese geniale Zusammenarbeit der besten Köpfe.***

Der größte Genuss für ihn ist es, auf seiner Terrasse zu sitzen, in die grandiose Landschaft zu schauen und davon zu träumen: „Ein neues Grundstück zu kaufen und eine Vorstellung davon zu haben, was dort mal für ein Wein wachsen wird …" Einen Wein zu machen, der „unendlich" hält, das ist sein größter Wunsch, seine Lebensaufgabe.

Gerne vergleicht der gereifte Genießer die Kunst der Köche mit dem Weinmachen: „Die eigentliche Küche des Weinbaus ist das Presshaus, weil da auch à la Minute gearbeitet wird." Der Unterschied liegt im Detail: „Der Koch würzt und verfeinert die Speisen, der Winzer muss schon im Weingarten verfeinern und die richtigen Entscheidungen treffen", sagt Manfred Tement, „Kochen ist eine Frage von Minuten und Stunden, Weinmachen von Wochen und Jahren."

„Was Großes ist für mich nur das, was meine eigene Anerkennung findet.“

*Ein feines Essen, bester Wein und danach eine Zigarre – das ist vollendeter Genuss für den Top-Winzer.*

Aber am allerliebsten sind ihm immer noch die alten Familien-Rezepte. „Die Topfentascherl-Suppe“ von der Oma „ist das Beste, was man essen kann“, schwärmt Manfred Tement und auch der gefüllte Kalbsbraten „das war immer was Besonderes, man sehnt sich heute nach solchen Speisen, weil keiner mehr Zeit dafür hat.“

Und dann auf der Terrasse sitzen, ins Land schauen und träumen …

WEINGUT TEMENT

Weingut Zieregg 13
A-8461 Berghausen
Tel. +43 (0)3453 4101-0
E-Mail: weingut@tement.at
www.tement.at

## PINOT 06

13,5% Vol. Alc.
Die Farbe ein kräftiges Ziegelrot, im Bukett elegante Fruchtnoten nach Zwetschken und Herzkirschen, die sich im Geschmack mit Zimt, Edelholznoten und eleganten Tanninen vervielfältigen.

# GEFÜLLTE KALBSBRUST

**Für 4 Personen:**

*1,5 kg Kalbsbrust*
*4 - 5 Semmeln*
*250 ml Milch*
*2 - 3 Eier*
*Öl*
*Salz, Muskatnuss*
*Petersilie*

*1.* Für die Fülle die Semmeln würfelig schneiden und mit heißer Milch übergießen. Die Eier mit 4 EL Öl verquirlen. Eier, Salz, Petersilie und ein wenig Muskatnuss zu den Semmelwürfeln geben und gut vermengen.

*2.* Die Kalbsbrust innen und außen salzen und pfeffern. Mit der Semmelmasse füllen und verschließen. In einer Pfanne in heißem Öl anbraten und ca. 1 1/2 Stunden braten, dabei öfters aufgießen. Anschließend die Kalbsbrust herausnehmen und warm stellen, den Saft entfetten und mit Butterflöckchen verfeinern.

### *TIPP:*

Als Beilage passen zarte Gemüse und ein grüner Salat.

# FRITZ TINNACHER
## DER ZURÜCKHALTENDE

***Seit 1770 ist das traditionsreiche Anwesen im Familienbesitz, von Generation zu Generation wird er weitergegeben wie ein kostbares Vermächtnis, der alte Lackner-Hof.***

Seit 1978 bewirtschaften sie ihn gemeinsam, Fritz Tinnacher und seine Frau Wilma, die den Hof vom Onkel geerbt hat. Und weil Fritz Tinnacher als Winzer auch eigene Weingärten mitbrachte, führt das Weingut jetzt den Doppelnamen Lackner-Tinnacher. Liebevoll und behutsam wurde renoviert und modernisiert, das jahrhundertealte Kellergewölbe unter dem Haupthaus saniert. Für die Architektur des sanft in den Weinberg gebauten Kellers bekam das Weingut sogar eine Ehrenurkunde der Republik Österreich für vorbildliche Baugestaltung.

***1968 hat Fritz Tinnacher seinen ersten Wein ausgebaut, 2008 feiert er sein persönliches Jubiläum - den vierzigsten eigenen Wein.***

Vielfach ausgezeichnet in all den Jahren, produziert er seine Weine nicht nach Trend, sondern gebiets- und jahrgangstypisch. Kein einziger Wein wird im Barrique-Fass ausgebaut, nur im großen Holz, denn „ich will über meine Lagen reden, über den Boden reden und nicht übers Holz"!

Er ist sehr gerne Weinbauer, ist ganz glücklich, dass die ganze Familie so dahintersteht und mitarbeitet.

1978 hat er den damals weitverbreiteten Buschenschank aufgegeben, weil er sich über die Weine profilieren wollte, mit den Kunden im Keller und nicht am Wirtshaustisch über die Weine philosophieren wollte. Auch er ist einer der Gründungsväter der Steirischen Klassik, hat sich in den frühen 80ern mit den Winzer-Freunden getroffen, gemeinsam wurde verkostet, verglichen, ausprobiert, und Neues erfunden. Bordeaux, Burgund, die Loire und die Neue Welt galt es zu erforschen, um den eigenen Standort und die eigene Stilistik zu ergründen, um zu wissen, wo die eigenen Weine stehen.

***Eigentlich ist Fritz Tinnacher ja ein „Wirtshausbua", im Gasthaus der Eltern aufgewachsen, sozusagen mit dem guten Essen groß geworden.***

Damals wurde auch noch selbst geschlachtet und es gab eine Vielfalt an Speisen, die heute keiner mehr kennt.

Das Essen hat noch immer einen großen Stellenwert im Leben des Top-Winzers: Am Wochenende wird groß aufgekocht, und wenn er weiß, was es zu Mittag gibt, dann sucht er persönlich den passenden Wein aus. Und oft zieht es ihn auch ihn andere Regionen zum Verkosten, zum Vergleichen, „denn um zu leben, muss man schon was besonders Gutes essen und trinken".

***Sein Lieblingsgericht ist so eine Erinnerung aus Kindheitstagen, der gebackener Kalbskopf.***

Vom Vater wurde der Kalbskopf nach dem Schlachten ganz frisch geputzt und ausgelöst und dann von der Mutter in der Küche paniert und rausgebacken.

Heute noch weiß Fritz, was daran so gut geschmeckt hat: das leicht Sulzige vom Kalbskopf mit der knusprigen Panier.

„Das Beste ist gerade gut genug."

## WEINGUT LACKNER-TINNACHER

Steinbach 12
A-8462 Gamlitz
Tel. +43 (0)3453 2142
E-Mail: weingut@tinnacher.at
www.tinnacher.at

# GRAUBURGUNDER STEINBACH 2007

13,5% Vol. Alc.

Feines Bukett, Nuss, Schokolade, fein mineralisch, burgundisch, fein integrierte Fruchtsäuren, elegant, füllig und sehr harmonisch für lange Lagerung geeignet. Grauburgunder Steinbach zeigt das Zusammentreffen der warm und weich wirkenden, reifen Burgundercharakteristik mit sandig-schotterigem Boden, der Mineralik und Eleganz vermittelt.

# GEBACKENER KALBSKOPF

**Für 4 Personen:**

*1 Kalbskopf*

*Eier, Mehl und Semmelbrösel zum Panieren*

*Öl*

*Petersilie*

1. Den geputzten Kalbskopf in Wasser weich kochen und noch heiß auslösen. In eine Kastenform pressen und erkalten lassen. Aus der Form stürzen und in 1 1/2 bis 2 cm dicke Scheiben schneiden.
2. Die Scheiben mit Mehl, Ei und Bröseln panieren und in heißem Fett knusprig backen.
3. Mit Petersilie garnieren und mit Kartoffelsalat servieren.

# GERHARD WOHLMUTH

## DER DETAILVERLIEBTE

„Das Leben ist ein Mosaikbild, jeder einzelne Mosaikstein ist von großer Bedeutung."

***Sie waren eigentlich ursprünglich eine ungarische Künstler- und Händlerfamilie, die es auf Umwegen über Wien ins Sausal verschlagen hat.***

Seit 1803 betreibt die Familie Wohlmuth nun schon Weinbau in Kitzeck. Ein Familienwappen und eine datierte Rechnung, natürlich Weinrechnung aus demselben Jahr, bestätigen die frühen Anfänge. Gerhard sen. ist Steirer mit Herz und Seele:

*„Die Südsteiermark ist wie die erste Liebe – die kannst du zwar verlassen, aber nie vergessen."*

Es gehört schon eine große Liebe dazu, in den exponierten Steillagen des Sausal, immerhin ist Kitzeck die höchstgelegene Weinbaugemeinde Europas, so herrliche Weine zu keltern.

Die Lage Steinriegel zum Beispiel, seit 200 Jahren im Besitz der Familie, ist so eine „Herzenslage": Auf dem Steilhang mit bis zu 78 % Gefälle wird alles händisch gearbeitet, mit Seilwinden gesichert und angeschnallt – Weingartenarbeit auf alpinistischem Niveau.

Ausgehend vom Stammhaus in Kitzeck hat das Familienweingut, Sohn Gerhard ist ebenfalls bereits als Kellermeister tätig, Schritt für Schritt die Weinwelt erobert – bis ins mittelburgenländische Neckenmarkt.

***Charaktervolle Rotweine haben bei Wohlmuth immer schon eine große Rolle gespielt.***

Die Liebe zum Blaufränkisch hat sie ins Burgenland gebracht, in die Hochburg des Blaufränkisch nach Neckenmarkt, wo sie seit einigen Jahren sehr erfolgreich ein zweites Weingut betreiben. Es war die Liebe zum Rotwein, aber vielleicht war's auch ein wenig die Sehnsucht nach Weite …

*Sohn Gerhard trägt seine kulinarischen Erfahrungen zusammen wie Mosaiksteine.*

Genuss, die Kultur des Essen und Trinkens wird in der Familie groß geschrieben. Das Praktikum in Neuseeland hat ihn geprägt, jeden Tag wurden die feinsten Speisen in den Keller geliefert und mit dem ganzen Team bis Mitternacht die besten Weine der Region dazu verkostet. Solche Erfahrungen prägen und komplettieren die Persönlichkeit, sagt er.

Er ist selbst ein begeisterter Koch, liebt es, die Gewürze und Aromen des Weines in den Speisen widerzuspiegeln. Als Koch hat er mehr Gelegenheiten, Erfahrungen zu sammeln, kann hunderte Speisen kreieren, als Winzer hat man maximal 20–30 Jahrgänge, um Top-Weine zu machen. Er will Weine machen, an die man sich erinnert.

*Denn die Erinnerung ist für ihn das Wichtigste beim Wein und Genuss-Erlebnis.*

Sein Lamm-Rezept ist so eine Erinnerung …

WEINGUT WOHLMUTH

A-8441 Fresing 24
Tel. +43 (0)3456 2303
E-Mail: wein@wohlmuth.at
www.wohlmuth.at

## PINOT NOIR 05 ALTENBERG

13,5 % Vol. Alc.

Mittleres Rubingranat. In der Nase einladendes rotbeeriges Konfit, Walderdbeeren, Kirschen, zarte tabakige Würze. Am Gaumen stoffig und komplex, harmonisch und elegant, Waldbeeren, feine Tannine, die gut integriert sind, Potenzial.

# GEBRATENE LAMMNUSS AUF ROSMARINSAFT

**Für 4 Personen:**

*1 kg Lammnuss*

*Salz*

*Pfeffer*

*1 Rosmarinzweig*

*3 EL Olivenöl*

*1/8 l Rindsfond*

*1/8 l kräftiger Rotwein*

*50 g Butter*

1. Lammnuss salzen, pfeffern und mit Rosmarin würzen. In heißem Öl kurz rundherum anbraten und aus der Pfanne heben. Im vorgeheizten Rohr bei ca. 130 °C etwa 15 Minuten garen. Die Temperatur auf 80 °C reduzieren und weitere 20 Minuten garen lassen.
2. Den Bratenrückstand mit Rotwein aufgießen, die Sauce auf die Hälfte reduzieren lassen. Dann mit Rindsfond aufgießen und nochmals eindicken lassen. Durch Einrühren mit Butter binden und mit Salz und Pfeffer abschmecken.
3. Mit gebratenen Erdäpfeln servieren.

*Hier die bizarre und schneebedeckte Bergwelt der Dolomiten, dort die malerisch mediterranen Hügellandschaften der Wein- und Obstgärten.*

Südtirol – wohl kaum eine andere Region Europas ist von so attraktiven Kontrasten geprägt. Eine bunte und vielfältige Kulisse öffnet sich südlich der Alpen in der nördlichsten Provinz Italiens.

Über 1.500 Meter Meereshöhe liegen zwei Drittel der Landesfläche. Und hier wachsen auf rund 4.900 Hektar Südtirols Weine. Die Orte an der Südtiroler Weinstraße bieten beste Bedingungen für die Produktion bester Weine.

# SÜDTIROL

## Von Lagrein, Vernatsch und Törggelen

*In der reizvollen Landschaft an der Südtiroler Weinstraße haben die Reben schon vor Jahrtausenden ideale Voraussetzungen gefunden.*

Im Norden bilden die Alpen einen schützenden Wall vor extrem kalten Winden. Vom Süden her macht sich der milde mediterrane Einfluss bemerkbar.

An die durchschnittlich 1.800 Sonnenstunden sorgen jährlich mit Temperaturmittelwerten von knapp 18 °C (im Juli sogar manchmal 22 °C) dafür, dass sich die Weinrebe und ihre Früchte hier im Süden Südtirols ausgesprochen wohl fühlen.

Durch diese besonders günstigen klimatischen Einflüsse gedeihen die Reben auf 200 Meter in Salurn genauso wie auf 1000 Meter in Fennberg!

Eine gute Verteilung der Niederschlagsmengen sowie lockere, gut durchlüftete und leicht erwärmbare Böden – vorwiegend Kalkböden und Ablagerungen von eiszeitlichen Moränen und von Flüssen – tragen zur hohen Traubenqualität bei.

An der Südtiroler Weinstraße stand bis vor kurzem der Anbau in Form von so genannten Pergeln (Laube) im Vordergrund. Das Rebendach bietet Schutz vor allzu starker Sonneneinstrahlung und Hagel.

*Eines der Merkmale Südtirols ist die große Auswahl an verschiedenen Rebsorten.*

Weiße Rebsorten, die Weine tragen denselben Namen bzw. sind Verschnitte aus verschiedenen Sorten: Weißburgunder, Grauer Burgunder (Ruländer), Chardonnay, Gewürztraminer,

Sauvignon, Müller Thurgau, Goldmuskateller, Riesling und Sylvaner.

Auch die Südtiroler Rotweine erfreuen sich großer Beliebtheit vor allem Edelvernatsch (Trollinger), Grauvernatsch, Lagrein, Blauburgunder, Cabernet, Merlot, Rosenmuskateller, Kalterersee Auslese, St. Magdalener und Südtiroler Merlot Rosé.

Die jährliche Weinproduktion in Südtirol beträgt ca. 400.000 bis 500.000 Hektoliter – 65% davon sind Rotweine und 35% Weißweine. Die Kultur des Weinanbaus hat vor allem seit ca. 1905 in Südtirol Fuß gefasst.

*Seit damals haben es sich Kellereigenossenschaften und Weinbauern zum Ziel gemacht, qualitativ hochwertiges „Rohmaterial" und entsprechend aussagekräftige Weine zu produzieren.*

In Südtirol dominieren Kellereigenossenschaften, daneben gibt es Privatkellereien, die die Ernte von mehreren Weinbauern verarbeiten, und eine erlesene Auswahl von kleinen Kellereien.

Nach anfangs schwierigen Zeiten sind sie heute gut organisiert. Die meisten Bauern liefern ihre Ernte in diese großen Genossenschaften und beziehen aufgrund der Qualität und Quantität ihrer Ware die entsprechenden Geldbeträge.

*Die „Freien Weinbauern Südtirol" sind eine relativ junge Vereinigung von Winzern, die ihre Trauben selbst keltern und mit ihrer Produktion sehr große Erfolge erzielen.*

Seit Anfang 2000 wächst die Gemeinschaft kontinuierlich und gewinnt durch gut durchdachte und professionelle Produktion von Weinen immer mehr an Anerkennung.

Törggelen – das ist Südtirol. Doch echtes Törggelen ist mehr als nur eine deftige Mahlzeit im Gasthaus. Das klassische Törggelen verbindet eine gemütliche Wanderung mit einem Besuch beim Weinbauern oder im typischen Gasthaus. Und der Kenner speist hausgemachte Spezialitäten mit Eigenbauwein und – natürlich – gebratenen Kastanien! Echt südtirolerisch, unverfälscht und ausgesprochen gemütlich.

## SÜDTIROL

# MARTIN FORADORI UND FRANZ OBERHOFER

## DIE VORAUSSCHAUENDEN

Wer das Weingut Hofstätter aufsucht, gerät mitten in den Dorftrubel von Tramin auf den großen Platz mit Rathaus, Bar und Kirche. Das Gut hat seinen Sitz in einem stattlichen Bau aus dem 16. Jahrhundert, der damals für das K.u.K. Postfahrtunternehmen errichtet wurde und die Gaststätte „Schwarzer Adler" von Großtante Maria Hofstätter beherbergte.

*Die legendäre „Frau Hofstätter" war eine der besten Köchinnen im Land, berühmt weit über die Grenzen, im Hause Hofstätter wurde die „Große Küche" zelebriert.*

„Jede Woche mussten die Frauen das Tafelsilber putzen", erinnert sich Urenkel Franz Oberhofer, der heute mit Martin Foradori das Weingut leitet, „und oft kamen auch berühmte Persönlichkeiten wegen der guten Küche."

Die Hofstätter-Frauen sind bis heute allesamt großartige Köchinnen, das liegt ihnen im Blut. „Sie beherrschen die Kunst, aus wenig viel zu zaubern", sagt Franz Oberhofer.

Er selbst ist ebenfalls ein begeisterter Koch, sein „Kalbsschulter-Nadl-Bratl" ein seltener Genuss. Aber bei so viel weiblicher Koch-Rafinesse haben es die Männer am Herd in dieser Familie zugegebener Maßen ein wenig schwieriger, sich kulinarisch ins rechte Rampenlicht zu rücken.

Im Keller des alten Gutes kelterte Josef Hofstätter seine ersten Weine. Welch Potenzial in den Weinbergen des Gutes steckte, erkannte schon 1942 Neffe Konrad Oberhofer. Als einer der Ersten in Südtirol trennte der Winzer das Traubengut der einzelnen Lagen bei der Lese und in der Kelter. So konnte er es der jeweiligen Qualität entsprechend separat ausbauen und nach den Weinbergen individuell benennen.

*Zum Weingut Hofstätter gehören mehrere Höfe, darunter auch fünf historische Herrschaftshäuser, den für Südtirol typischen „Ansitzen".*

Den dort angebauten Weinen geben sie ihren Namen wie Kolbenhof, Barthenau, Oberer und Unterer Yngram-Hof, Steinraffler, Oberkerschbaum und der dazu gepachtete Crozzol. Auf einer Höhe zwischen 250 und 750 m werden an ausgesuchten Hang- und Steillagen insgesamt 50 ha Rebflächen kultiviert.

Das Weingut Hofstätter kultiviert vorrangig die heimischen Rebsorten: allen voran den Gewürztraminer, den schon alteingesessenen Blauburgunder sowie Lagrein, Weißburgunder und Vernatsch.

*Vor allem für den Gewürztraminer ist das Weingut Hofstätter berühmt.*

Die Traminer-Rebe ist bereits 1145 nahe des erstmals als „Tremine" erwähnten Ortes nachweisbar, der ihr offenbar seinen Namen gab. Seit dem 19. Jahrhundert wird ein Nachfahre der ursprünglichen Sorte wegen seines betörend würzigen Duftes „Gewürztraminer" genannt. In Südtirol bringt diese Variante feine trockene Weine hervor, die reich an Säure sind. Rund um den Ort Tramin, dessen Name sie in aller Welt bekannt gemacht hat, gedeiht die hellrötliche Weißweintraube mit dem opulenten Aroma auf idealem Boden.

Auch die Küche im Hause Hofstätter wird vom Gewürztraminer begleitet. Eines der Lieblingsrezepte der Familie aus der „Großen Küche" ist der „Osterschinken im Gewürztraminer-Sud", eine Spezialität nach dem original Rezept der alten „Frau Hofstätter".

„Es ist eine Kunst aus wenig Gutes zu machen.“

*Seit Generationen wird der köstliche Schinken aufgetischt, das Rezept weitergegeben von Köchin zu Köchin. Vielleicht gelten deshalb heute noch alle Köchinnen aus dem Hause Hofstätter „als gute Heirats-Kandidatinnen …“*

WEINGUT HOFSTÄTTER

Rathausplatz 7
I-39040 Tramin
Tel. +39 (0)471 86 01 61
E-Mail: info@hofstatter.com
www.hofstatter.com

# GEWÜRZTRAMINER 06 KOLBENHOF

13,5 % Vol. Alc.

Dieser Gewürztraminer bestätigt sich als ein Wein hoher Individualität. Von intensiv-leuchtender strohgelber Farbe, besticht er durch seine Kompaktheit und seine auffällige aromatische Ader, mit Anklängen nach Trockenblumen und Rosenblüten, die sich im Glas tendenziell ausbreiten und verdichten. Auf der Zunge ist er ziemlich reich und dick mit einem soliden Körper, frisch und lebhaft.

# OSTERSCHINKEN IM TRAMINERSUD

**Für 4 Personen:**

*1 kg Schinken oder Schopfbraten*

*200 g Wurzelgemüse*

*1 - 2 Lorbeerblätter*

*Wacholderkörner*

*Rosmarin*

*1 - 2 Knoblauchzehen*

*1 - 2 Zitronenscheiben*

*etwas Zucker*

*Auf die Menge von 3 l Wasser - 1 Glas Wein*

1. Den Schinken in kochendes Wasser legen und aufkochen lassen, Gemüse und Gewürze zugeben und dann zugedeckt ca. 4–5 Stunden (je nach Größe des Schinkens) bei sehr schwacher Hitze ziehen lassen.
2. Nach der Garzeit den Schinken herausnehmen, in fingerdicke Scheiben schneiden und warm mit Apfel-Obers-Kren servieren.

# JOSEPHUS MAYR
## DER TRADITIONALIST

*Er ist Tiroler, ein echter Tiroler, nicht nur ein Südtiroler, darauf legt Josephus Mayr großen Wert.*

Schließlich ist der Erbhof Unterganzner seit 1629 im Besitz der Familie Mayr, die Familie lebt und arbeitet dort seit nunmehr 10 Generationen. Der Besitz wurde immer in direkter Erbfolge vom Vater an den Sohn weitergegeben. So ist das Anwesen heute ein typisches Beispiel eines „geschlossenen Hofes“. Die jahrhundertelange Erfahrung und der Zusammenhalt aller Generationen am Hof machten es möglich, Weinqualität in der hier produzierten Form zu erreichen.

Schon immer haben sich die „Unterganzner“ mit der Kunst der Kellermeister beschäftigt. Beweis dafür ist ein kleines, erhaltenes Büchlein aus dem Jahre 1779, dessen Inhalt als vollkommener Unterricht für Kellermeister gedacht war.

Am Ostrand des Bozner Beckens in 285 Meter Meereshöhe auf typischen Porphyrfels gebaut, dort wo der Eggentaler Bach in den tosenden Eisack mündet, dort liegt wie eine Trutzburg der Erbhof Mayr-Unterganzner. Seit alters her wird hier Wein angebaut. Eine noch bestehende Wassermauer aus dem Jahre 1779 umringt das gesamte Weingut und schützt es vor gefährlichen Überschwemmungen.

*Der Weingarten direkt hinter dem Haus sieht aus wie eine Kathedrale voller Wein, mit den auf der alten Pergelkultur hochgezogenen Weinreben, ein Himmel voller Trauben.*

Man möchte sich am liebsten ins weiche Gras legen und sich die köstlichen Trauben in den Mund hängen lassen. Es ist ein kleiner Garten Eden, den der Unterganzner-Bauer da in der kleinen Talsenke hinter dem Hof bewirtschaftet. Äpfel, Feigen, Kastanien, Nüsse, Kiwis und sogar Oliven gedeihen hier und finden köstlichen Eingang in die Küche des Erbhofes. „Ich bin in einem Haus aufgewachsen, in dem immer groß gekocht wurde“, erzählt Josephus, „unsere Köchin war 60 Jahre im Haus und hat immer noch gekocht, die Küche war für uns Kinder ein Paradies, da gab es immer Leckereien.“

Im Garten, dort wo früher eine Orangerie stand, zieht er jetzt seinen Spargel, und man spürt, dass er alles, was er pflanzt und zieht, mit großer Hingabe tut.

*Er „streichelt“ seine Reben und gibt ihnen Zeit sich zu entwickeln. „Deshalb müssen die Winzer so alt werden, bis sie schlau sind“, lacht Josephus.*

So wurde die Kellertechnik 1996 revolutioniert und verbessert, wie er selbst sagt. Bei allem Innovationsdrang hält er auch an Altbewährtem fest. Dies zeigt sich wohl auch in der Gewichtung der Sorten, die angebaut werden: Zu 60% sind es Lagrein-Trauben. In den Lagrein müsse man sich hineinfühlen, sagt er.

Sein Lamarein, eine Spezialität aus teils getrockneten, kurzstieligen Lagrein-Trauben – der Versuch, etwas Lokalpatriotisches zu schaffen – ist Kult.

Am großen Tisch in der wunderschönen alten Bauernküche sitzen selten weniger als 10 Personen, die Familie ist groß. Und musikalisch.

Die Hausmusik hat Tradition, alle spielen sie ein Instrument, die Mutter wie die Kinder, Klavier, Querflöte, Bass und Josephus gibt am Schlagzeug den Rhythmus an. Seine Frau, eine Organistin hat ihm zuliebe einen Haushaltskurs gemacht vor der

## „An ihren Früchten sollt ihr sie erkennen.“

Ehe, „aber am Anfang ist es die Liebe gewesen, die das Essen zum Schmecken gebracht hat“, lacht er.

Aus dem großen Gemüsegarten, den die Großmutter, auch eine begnadete Köchin, vor Jahrzehnten angelegt hatte, kommen die Vitamine, das Fleisch – ganz frisch aus dem Wald. Die Jagd hat jahrhundertealte Tradition am Erbhof Unterganzner, und wie schon sein Vater, Großvater und Urgroßvater ist auch Josephus ein passionierter Jäger. Das richtige Erlegen des Hirsches ist das Geheimnis „Man muss aufpassen, dass das Wild keinen Schuss hat“, und sich Zeit nehmen.

Überhaupt spielt Zeit eine große Rolle im Leben des Winzers.

*„Beim Wein ist es wie beim Hirsch. Den muast dabucken, den kannst net darennen ...“*

ERBHOF UNTERGANZNER
JOSEPHUS MAYR

Kampillerweg 15
I-39053 Kardaun/Bozen
Tel. +39 (0)471 365582
E-Mail: mayr.unterganzner@dnet.it
www.tirolensisarsvini.it

## ST. MAGDALENER 07

13 % Vol. Alc.

Extraktsüß, sehr aromatisch und fruchtig, Duft nach eingelegten roten Früchten und Erdbeeren mit einer interessanten süß-würzigen Note. Für die Rebsorte hat dieser Wein ein beachtliches Tannin sowie einen schon als mittelgewichtig zu bezeichnenden Körper. Süffig wie Quellwasser und doch so konzentriert, fein und fruchtig.

# JOSEPHUS
## HIRSCHLEBER MIT HERZ

**Für 4 Personen:**

*frische Hirschleber*

*Reh- oder Hirschherz*

*Olivenöl*

*Salz, Pfeffer aus der Mühle*

*etwas Schlagobers*

*1 Zweig Rosmarin*

*etwas Magdalener*

1. Die Hirschleber dünn schneiden. Das Herz aufschneiden, die Kammern putzen und ebenfalls dünn schneiden. In einer Pfanne mit dünnem Boden etwas Olivenöl erhitzen und das Herz kurz anbraten, dann die Leber zugeben und mitrösten. Mit Pfeffer aus der Mühle würzen und etwas Schlagobers und Rosmarin zugeben. Zugedeckt leicht köcheln lassen. Mit etwas Magdalener verfeinern, dadurch wird der Saft dunkel und mild.
2. Erst kurz vor dem Servieren ein wenig salzen. Mit Ciabatta oder Semmeln servieren.

UNTERGAN
SÜDTI
ST. MAGDA
KLASS
200
JOSEPHUS

# WEINANSPRACHE

## Wörterbuch für Weingenießer

| | |
|---|---|
| abfallen | kurz im Abgang |
| abgebaut | der Wein hat seinen Höhepunkt bereits überschritten und beginnt zu altern oder er hat Säure abgebaut |
| ausgebaut | der Wein ist vollkommen entwickelt, trinkreif |
| ausgeglichen | harmonischer Wein |
| Ausstich | Selektion des besten Fasses im Keller durch den Kellermeister |
| Barrique | Traditionelles Holzfass Bordeaux, 225 l Volumen, Eiche spezieller Herkunft, spezielle Ausprägung und längere Haltbarkeit des Weines, typisches Barrique-Bukett; getoasteter Holzton, Vanille<br>Burgund: Limousin, Allier,<br>Spanien und Kalifornien: Amerik. Weißeiche aus Tennessee<br>Österreich: Manhartsberger Eiche, steirische Eiche |
| Bergwein | Weine aus Weingärten mit über 16% Hangneigung |
| Bodengeschmack | Erdgeschmack – oft typisch für bestimmte Lagen |
| brandig | der Alkohol tritt im Geschmack stark hervor; oft bei stark aufgebesserten, dünnen, extraktarmen Weinen |
| bukettiert | sehr starkes, fremdes Bukett (wie zugesetzte Aromen) |
| Charakter | bestimmte Art eines Weines, abhängig von Sorte, Lage, Klima und Ausbau |
| Cuvée | Verschnitt von zwei oder mehreren Rebsorten, die Sorten werden einzeln vergoren, erst dann gemeinsam in einem Fass gereift = vermählt |
| dezent | fein, zart |
| duftig | elegante, leichte Blume |
| dumpf | unreiner Geschmack (z. B. nach Schimmel, ungelüfteten Keller) |
| dünn | körperarmer Wein mit wenig Extrakt und Alkohol |
| eckig | die einzelnen Geschmacksstoffe treten in ungleicher Intensität hervor, der Wein ist unharmonisch |
| Edelfäule | Botrytis cinerea, ein grauschimmeliger Edelfäulepilz durchlöchert die Beerenhaut; dadurch verdunstet das in den reifen Trauben enthaltene Wasser, Zucker und Extraktstoffe konzentrieren sich in den geschrumpften Beeren; entwickelt sich in trockenem und zugleich feuchtem Klima |
| elegant | harmonischer Wein |
| entwickelt | ausgebauter, reifer Wein |
| Essigstich | nach Essig riechend (flüchtige Säure) |
| Extrakt | 1 Liter Wein wird bei 100 °C verdampft, die zurückgebliebenen Stoffe, wie Restzucker, Tannin, Glyzerin, Minerale werden gewogen. Ein durchschnittlicher Wein weist einen zuckerfreien Extrakt von ca. 20 g/l auf. |
| fehlerhaft | Weine mit nachhaltigen Veränderungen, meist chemischer Natur oder durch die Aufnahme weinfremder Stoffe |
| feurig | Weine mit gut integriertem, höherem Alkoholgehalt; der Alkohol kommt zwar stärker, aber nicht brandig zum Ausdruck |
| Firn | im positiven Sinn eine Bezeichnung für einen typischen Alterston, im negativen Sinn Schwefelsäurefirn: ein harter, saurer Geschmack, der die Zähne stumpf macht; Ursache ist der Weinausbau in Fässern, die jahrelang leer gestanden sind |
| flüchtige Säure | Essigstich |
| Frostgeschmack | Weinfehler, von gefrorenen, unreifen Trauben herrührend |
| Fülle | körperreicher, vollmundiger Wein |
| gebrochen | der Wein ist fehlerhaft/trüb; weißer, schwarzer, brauner Bruch |
| gedeckt | sehr dunkle Farbe beim Rotwein |
| gehaltvoll | körperreicher, voller Wein |
| Geläger | Rückstand – großteils Hefe – im Fass nach Abziehen des Weines |
| Gelägergeschmack | Hefegeschmack |
| Gemischter Satz | Verschnitt mehrerer Sorten aus einem einzigen Weingarten, werden zusammen in einem Fass vergoren, (typischer „Wiener Heuriger“) |
| gerbstoffreich | tannin-kräftiger Wein |
| geschmackig | fruchtiger, aromatischer Wein |
| grasig, grün | unreife Weine |
| harmonisch | die Bestandteile des Weines (Säure, Alkohol, Fruchttiefe), stehen im richtigen Verhältnis zueinander |
| hart | Wein mit hoher, unharmonischer Säure |
| halbtrocken | 9–18 g Rz/l, Rz = Restzucker |
| Hefeton | sekundäres Aroma bei Weinen = Muskierend „Sur Lie“ auf der Hefe, Weine bleiben länger lebendig<br>ausgeprägt bei altem Champagner (Jahrgangschampagner: 3 Jahre auf der Hefe), beste Qualität: über 3 Jahre = markanter Hefeton |
| herb | zusammenziehender Geschmack, höherer Gerbstoffgehalt |
| Heuriger | zu Martini (11. November ) wird die neue Weinernte zum Heurigen (Jungwein ) und bleibt Heuriger bis nächstes Jahr zu Martini |
| hinten nach | Geschmackswahrnehmung hinten am Gaumen, z. B. der Wein hält an, er hat Körper/Schweif |
| hochfärbig | Weißwein zu kräftig in der Farbe |
| Jungfernwein | erster Ertrag eines neu ausgepflanzten Weingartens |

| | |
|---|---|
| kernig | körperreicher Wein mit entsprechender Säure |
| Körper | extraktreich, voll |
| kurz | der Wein bleibt nicht lange haften, er reißt ab (Abgang) |
| lebendig | spritzig, frisch |
| leer | dünn, leicht, ohne Geschmack |
| lieblich | 18–45 g/l Restzucker |
| Meßwein | naturbelassener Wein, der den kirchlichen Vorschriften entspricht |
| mild | säurearm |
| mollig | voller, runder Wein |
| moussierend | stark kohlensäurehaltig, schäumend |
| müde | zu lang offen |
| Oxidation | Einfluss der Luft auf den Wein (hochfärbig) |
| pappig | kann bei stark entsäuerten Weinen auftreten, Wein zu hohen Zuckergehalt, zu wenig Säure (breiige Restsuppe ) |
| prickelnd | $CO^2$-hältiger Wein, der spürbar auf der Zunge prickelt |
| rauh | herber Wein, auch übermäßiger Gehalt an Schwefelsäure |
| reintönig | Wein ohne negativen Nebengeschmack |
| reißt ab | ist kurz, nicht anhaltend im Geschmack |
| resch | säurereicher, trockener Wein |
| Rückgrat | der Wein hat Körper, ist voll und hat genügend Säure/Tannin/Extrakt |
| rund | voller, harmonischer Geschmack |
| sauer | Wein mit unangenehm hoher Säure |
| scharf | Weine mit hohem Kohlensäuregehalt<br>bei Rotwein: Tannin und $CO^2$ |
| Schleier | leichte Trübung im Wein |
| schmalzig | runder, voller, fetter Wein |
| Schweif | der Wein hat Substanz, hält lange an |
| Schwefel | wichtig, Oxidations-Schutz und Konservierungsmittel<br>Obergrenze bei (WW: 210 mg/l, RW: 160 mg/l) |
| schwer | alkoholreicher Wein mit hohem Extrakt |
| staubig | nach der Gärung, unfiltriert |
| steckengeblieben | Weine, die nicht vollkommen vergoren sind und somit einen Zuckerrest aufweisen |
| stumpf | eigenartig pelziger Geschmack, meist bei gerbstoffreichen oder überschwefelten Weinen |
| süffig | harmonischer, leichter Wein, der immer wieder zum Trinken animiert |
| süß | über 45 g/l Restzucker |
| Tannine | Gerbstoffe im Rotwein, wirken astringierend, darmberuhigend |

| | |
|---|---|
| trocken | 1–9 g/l Rz (Säure plus 2), Rz = Restzucker<br>(1–4 g/l) = extra trocken, Diabetiker |
| überschwefelt | sticht in der Nase |
| verschnitten | zwei oder mehrere Weine werden vermischt, es entsteht eine Cuvée |
| verfälscht | Verschneidungen mit nicht erlaubten Produkten |
| weich | sind säurearme Weine |
| würzig | intensiv fruchtig, aromatisch |
| zerschlagen | kurz nach der Flaschenfüllung präsentiert sich der Wein zerschlagen/geschockt |
| Zuckerrest/ Restzucker | nach der Gärung noch vorhandener Zuckerrest im Wein |

## WEINFEHLER

| Name | Geschmack | Ursache |
|---|---|---|
| Oxidation | fast brandig<br>Wein hochfärbig | zu langer Kontakt<br>von Wein mit Sauerstoff |
| Korkton | Kork-Geschmack | der Korken hat schlechte Verarbeitung |
| Muffton | Muffton | schimmelige Trauben, schlechte Kellerhygiene |
| Schwefel | stechender Geruch | Überschwefelung |
| faules Lesegut | Jodgeruch, Medizinalgeschmack | faules Lesegut |
| „mäuseln“ | beißender Geruch und Geschmack nach Mäusen | meist bei Rotwein mangelnde Keller-Hygiene |
| Nachgärung | moussieren | aktive Hefe, die in die Flasche mitgefüllt wird |

Cover: Marianne Prutsch
Grafische Gestaltung: Marianne Prutsch
Texte: Dipl. Sommelier Isa Schwanzer-Svec, ÖWM
Lektorat: Alexander Schipflinger, Anke Weber
Fotografie: Fotostudio Riedmann, ÖWM (Österreichische Weinmarketingserviceges.m.b.H., www.weinausoesterreich.at), Wein Burgenland (Fotograf: Joachim Lukan, www.weinburgenland.at), Südtirol: EOS der Handelskammer Bozen
Druck und Bindung: Druckerei Theiss GmbH, A-9431 St. Stefan


ISBN: 978-3-902532-82-4